Aprende dibujar facilmente

Aprende a dibujar fácilmente o puedes mejorar tu habilidad de dibujo con este método cuadrado.
Simplemente dibuja cada cuadrado uno por uno y cuando termines el diseño del libro será idéntico al tuyo

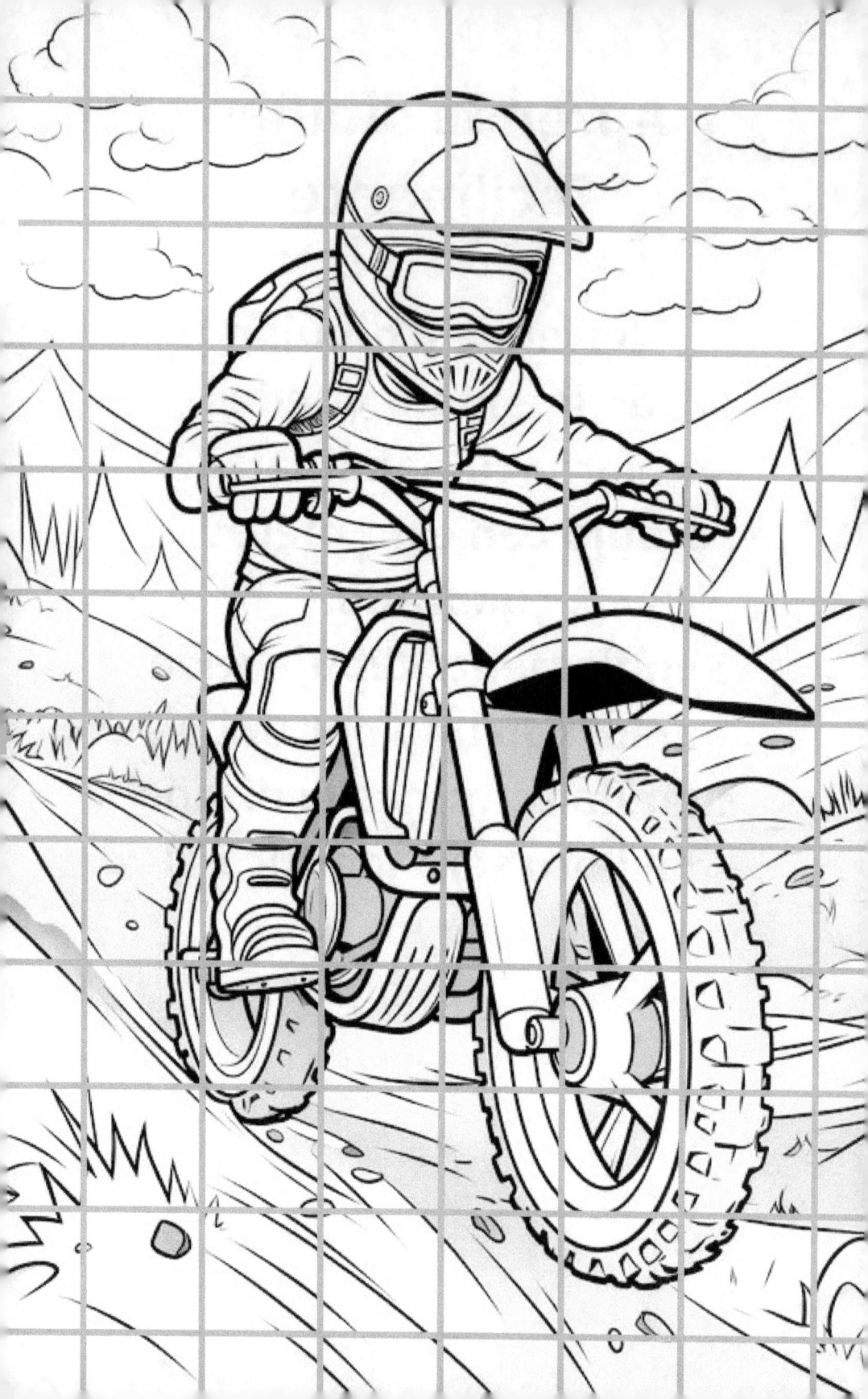

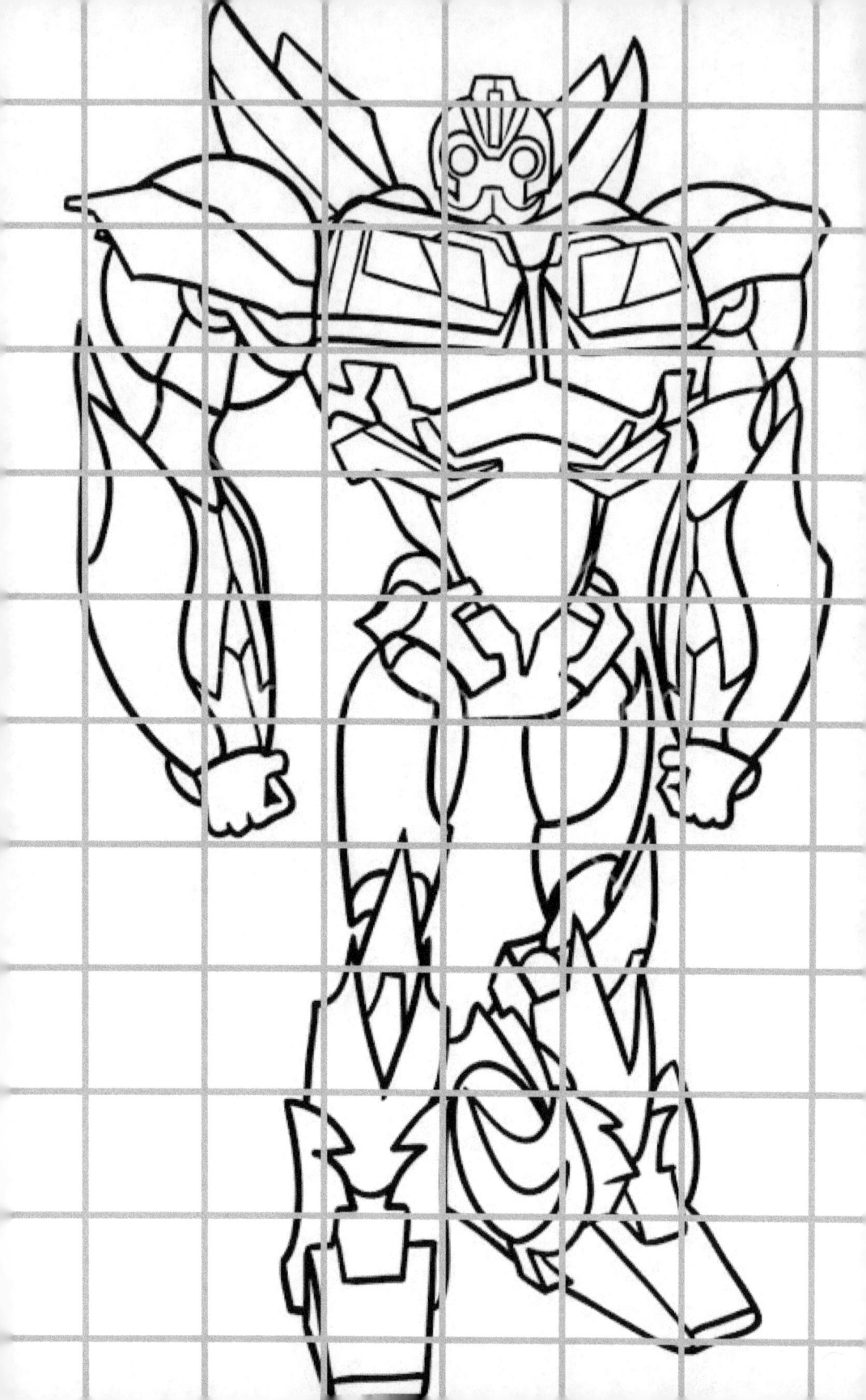

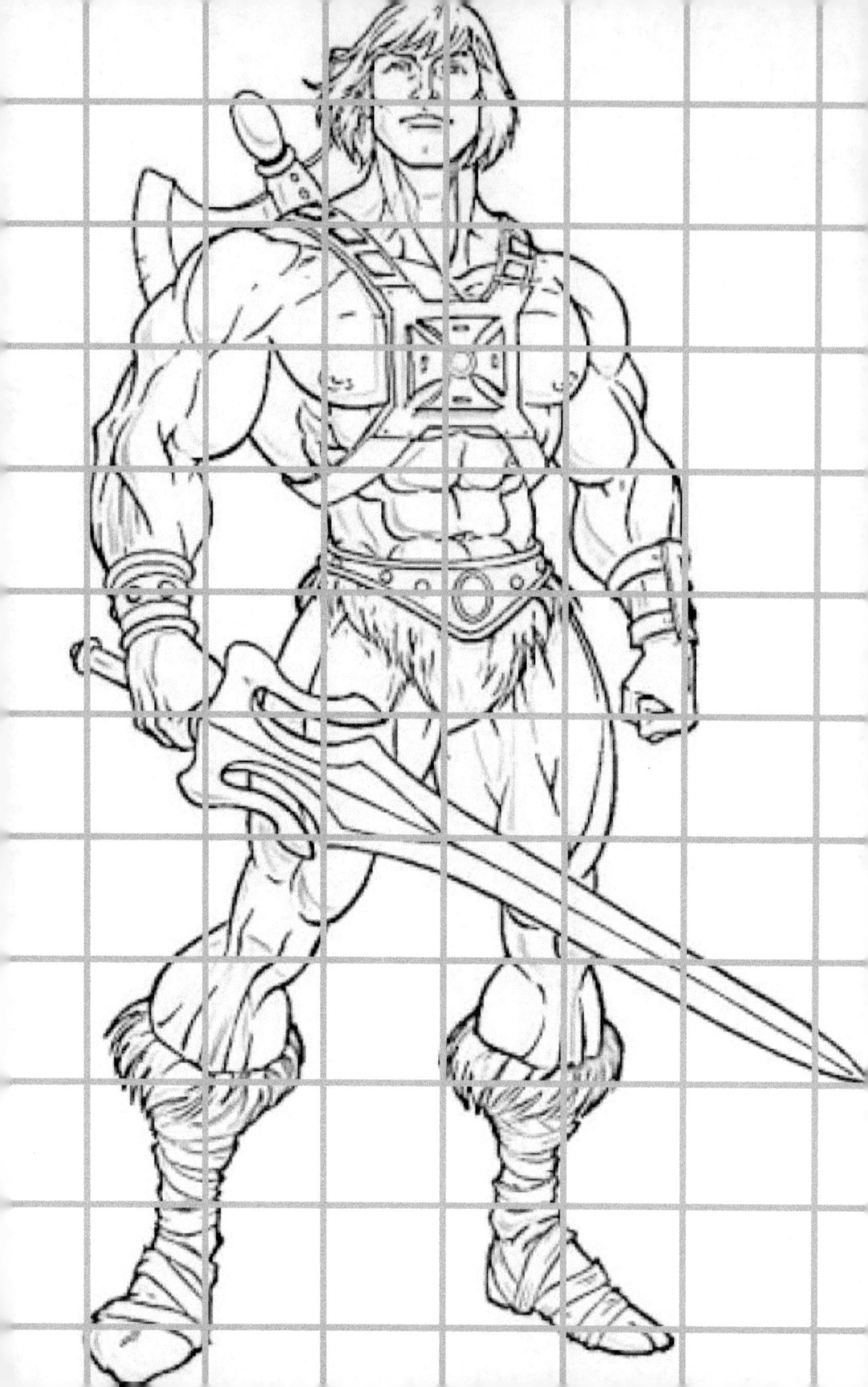

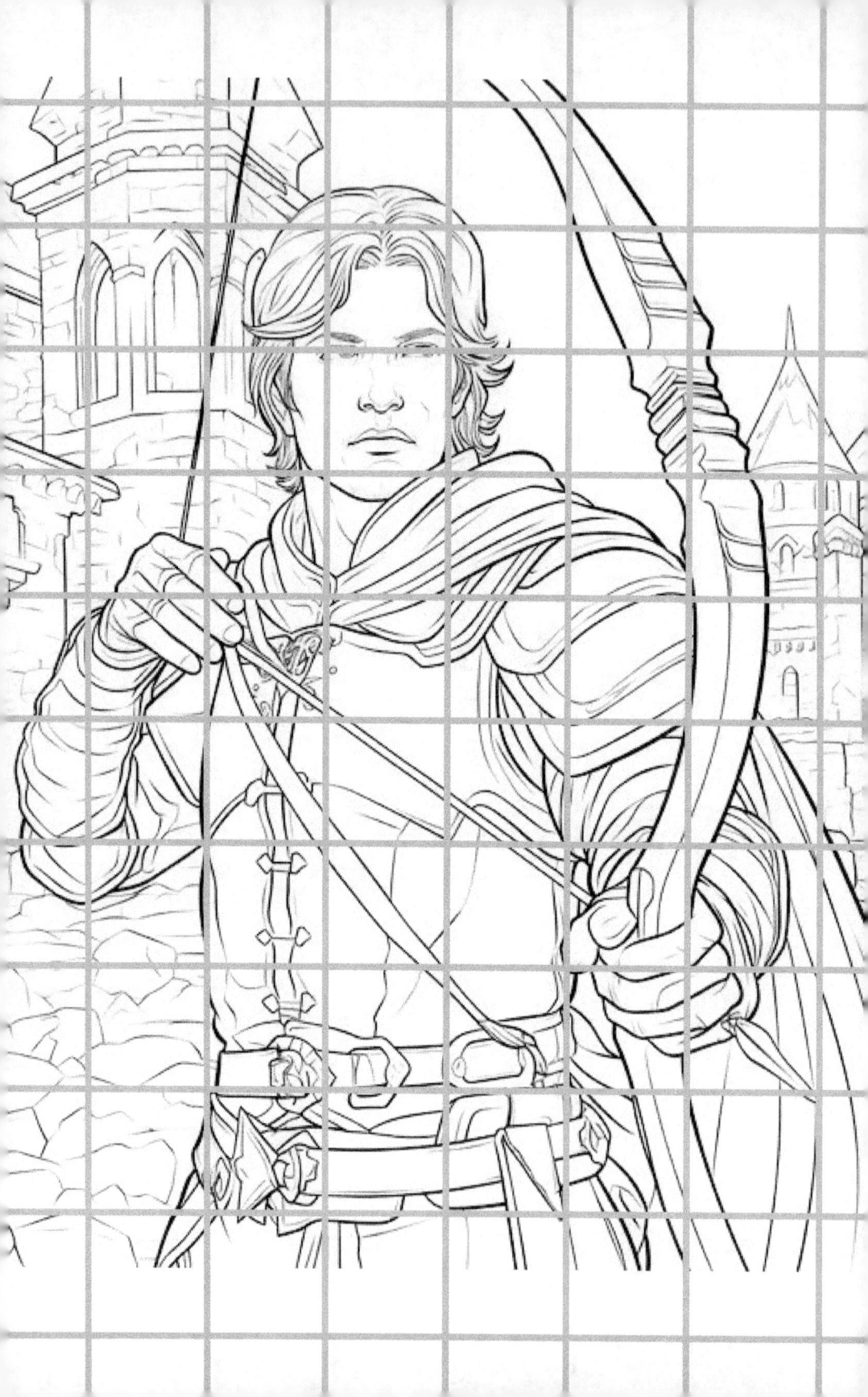

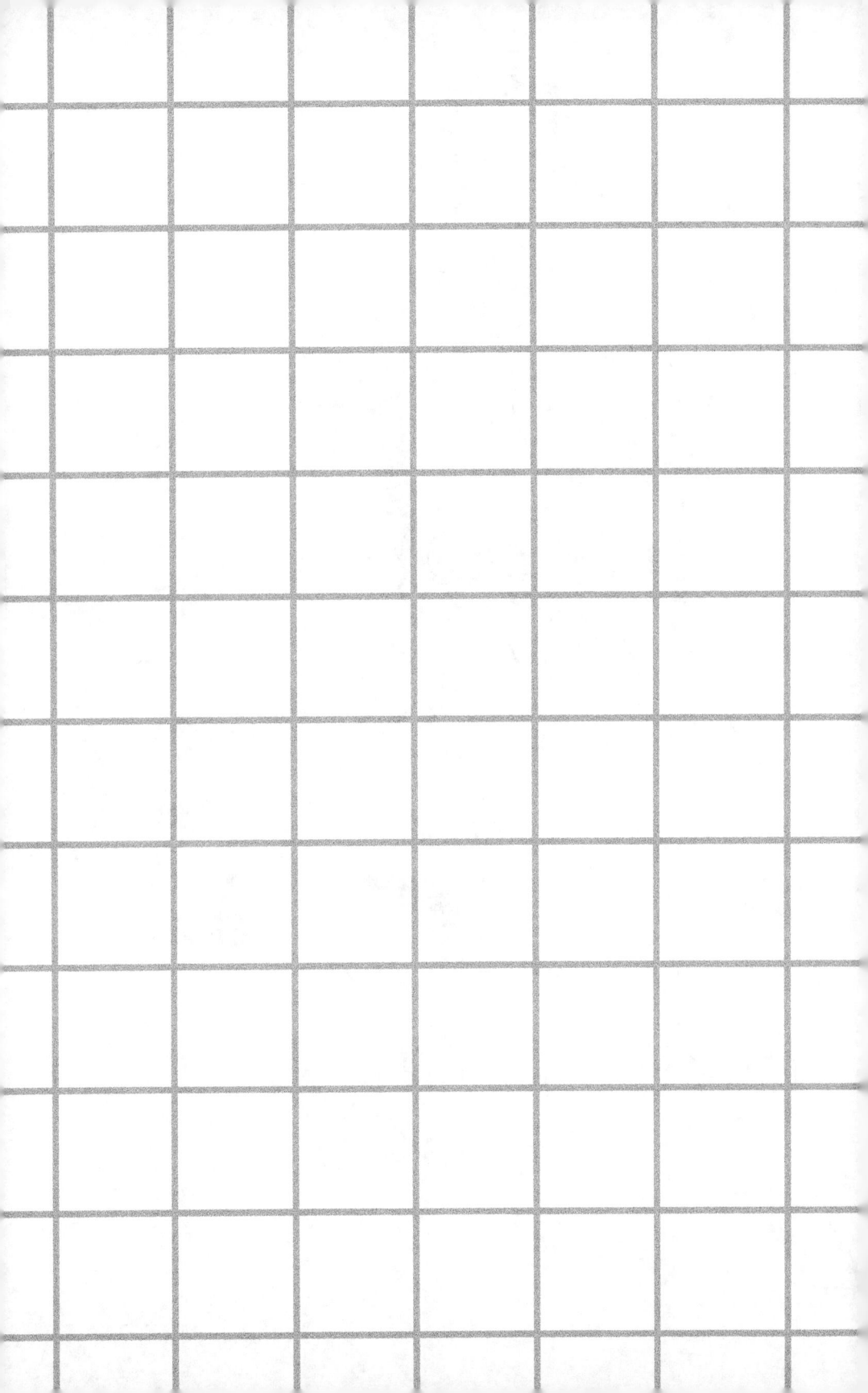

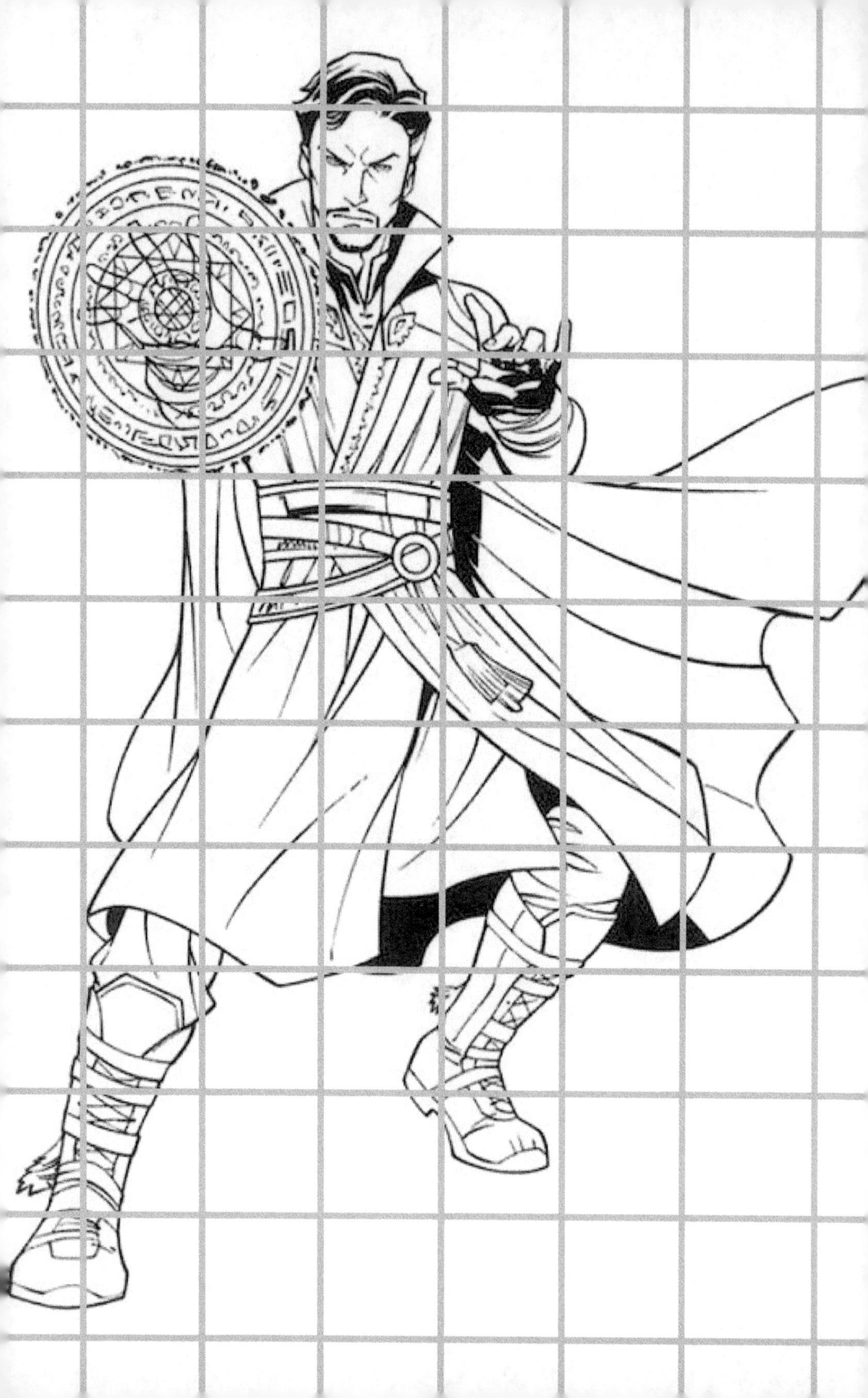

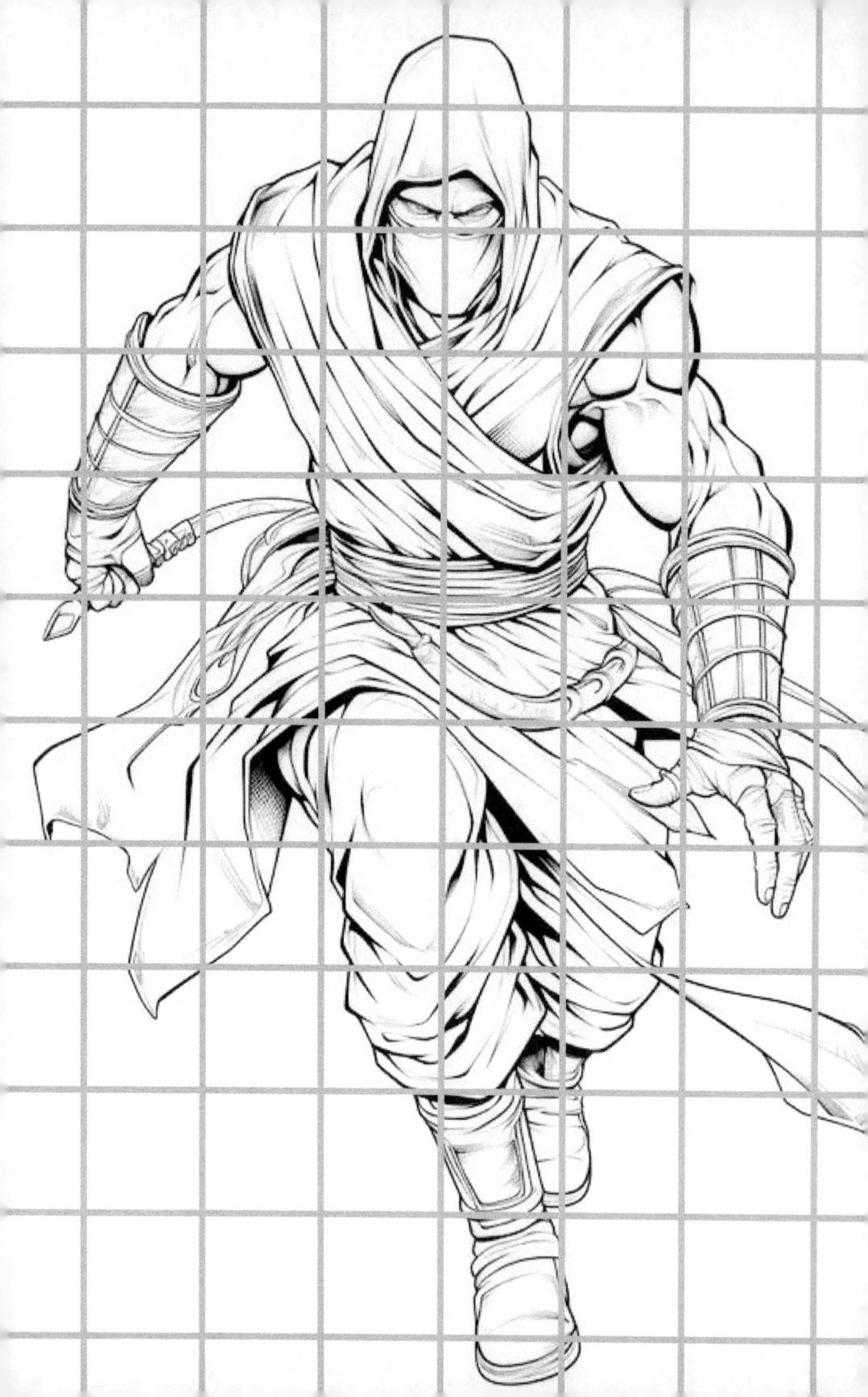

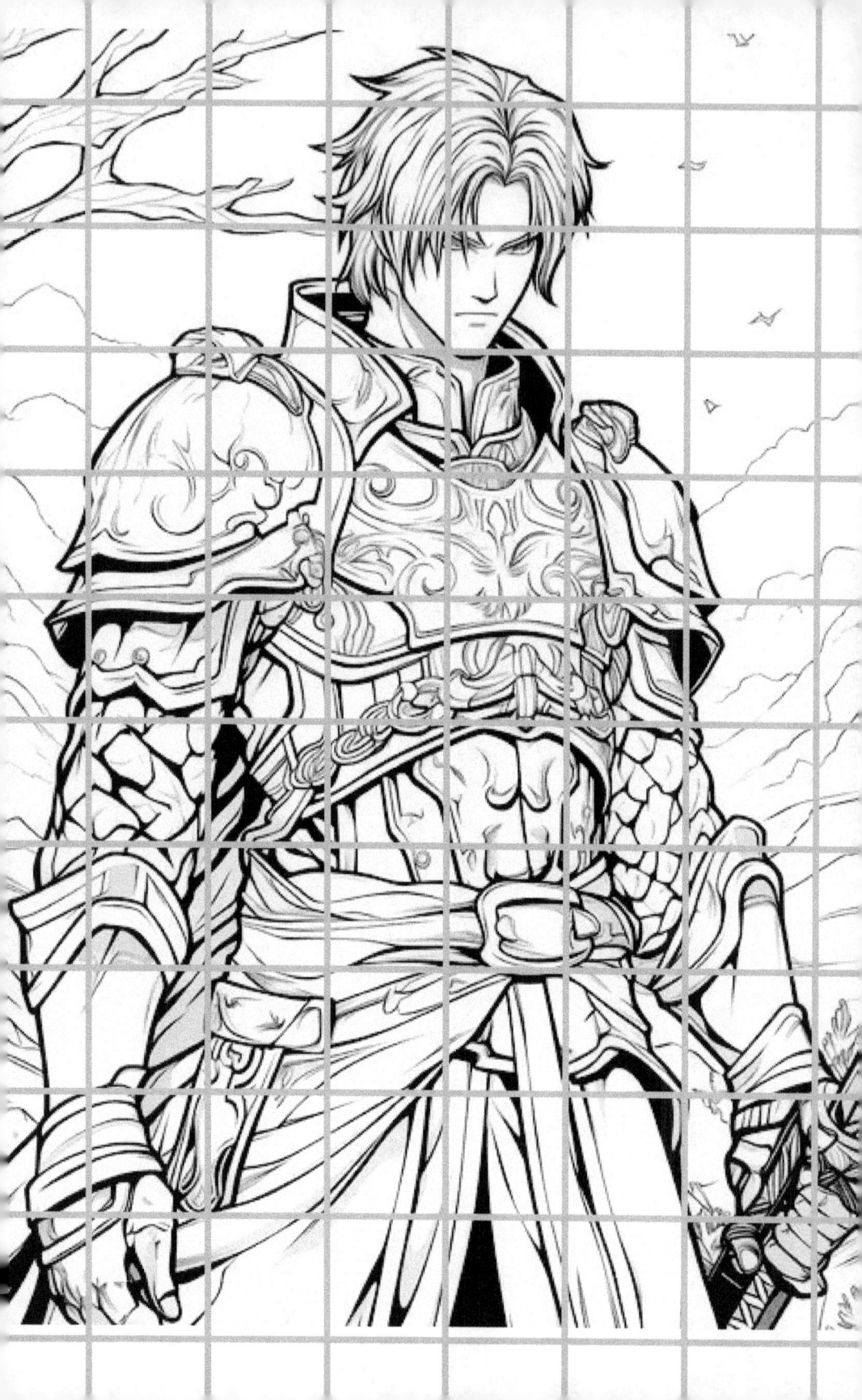

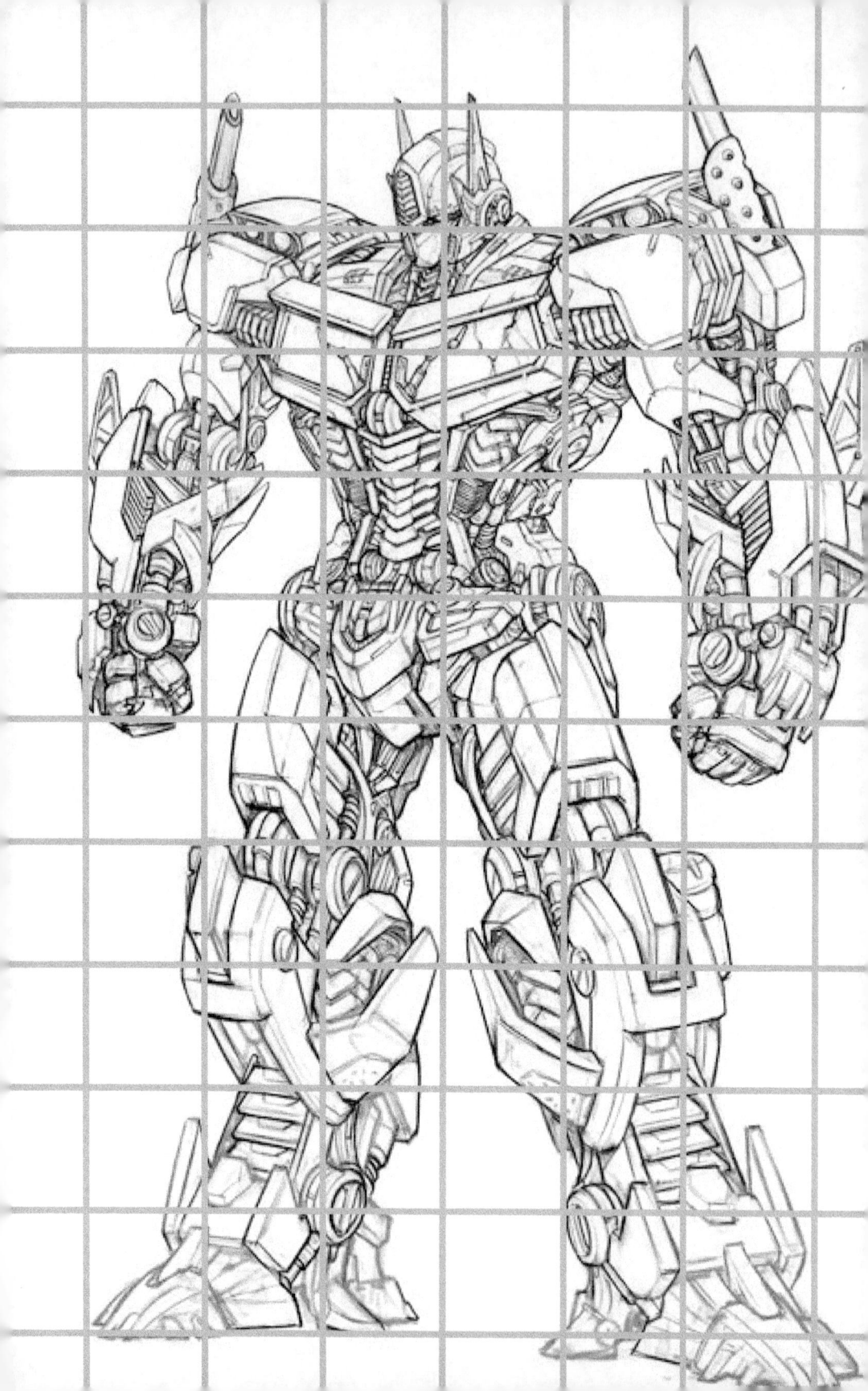

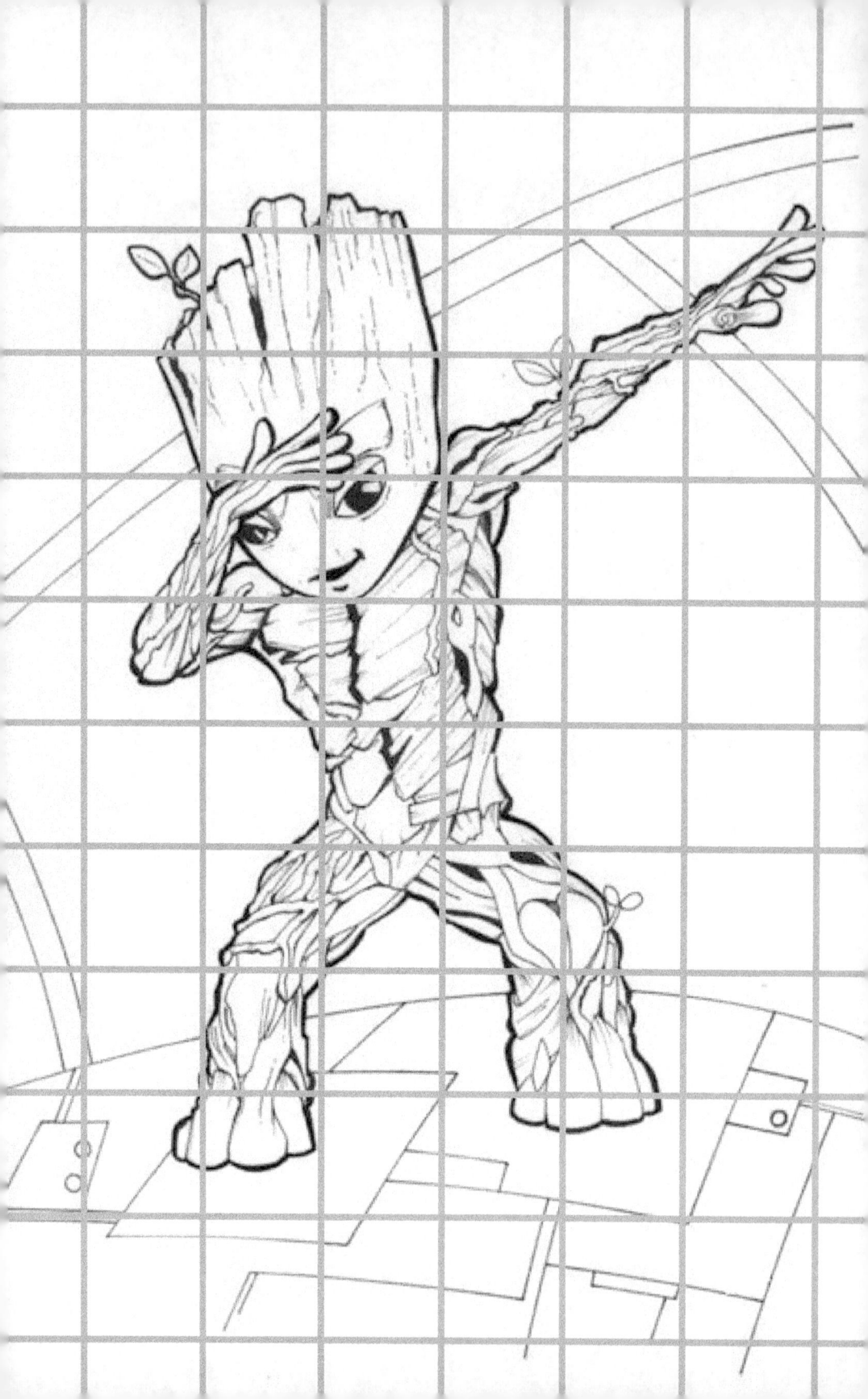

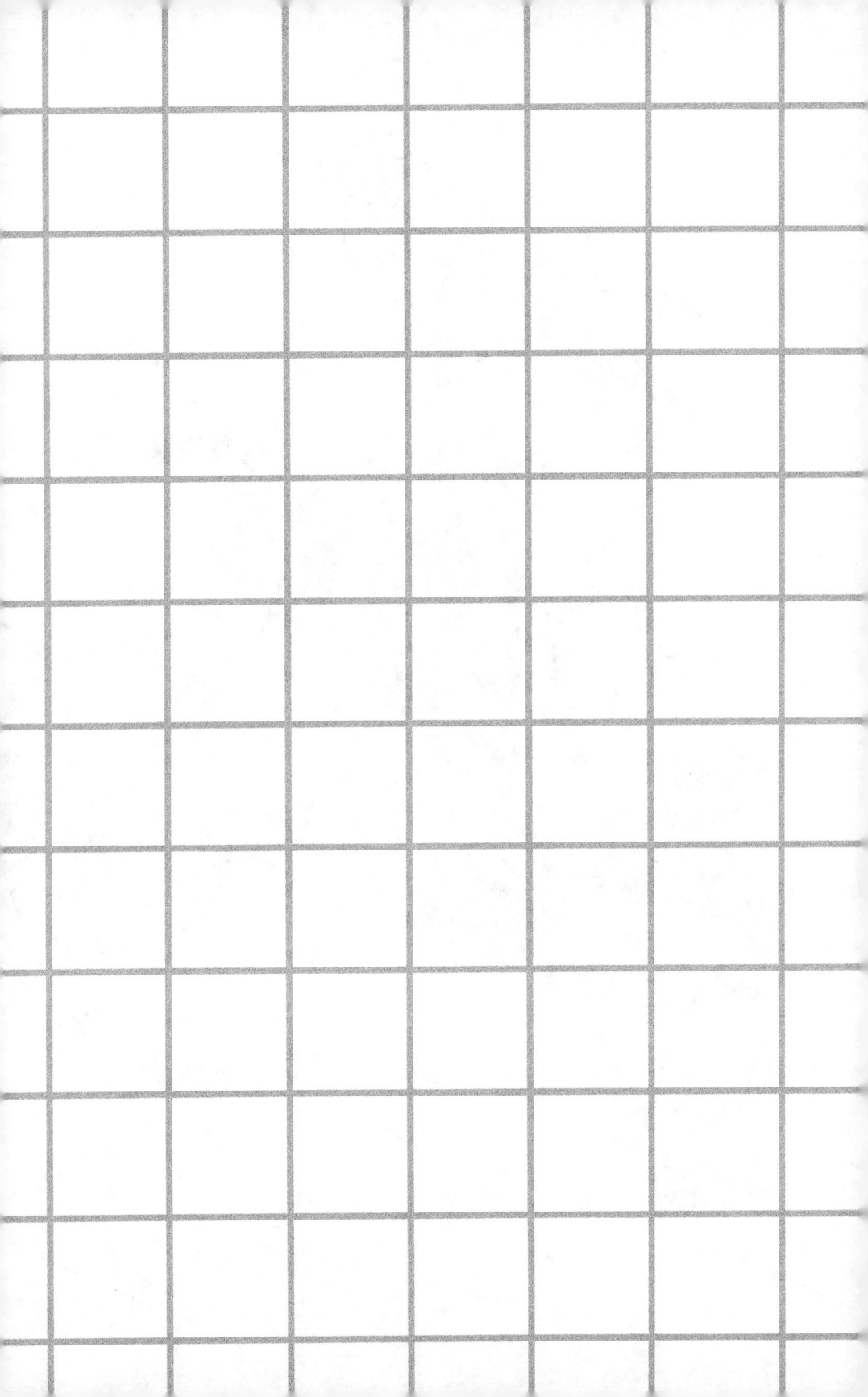

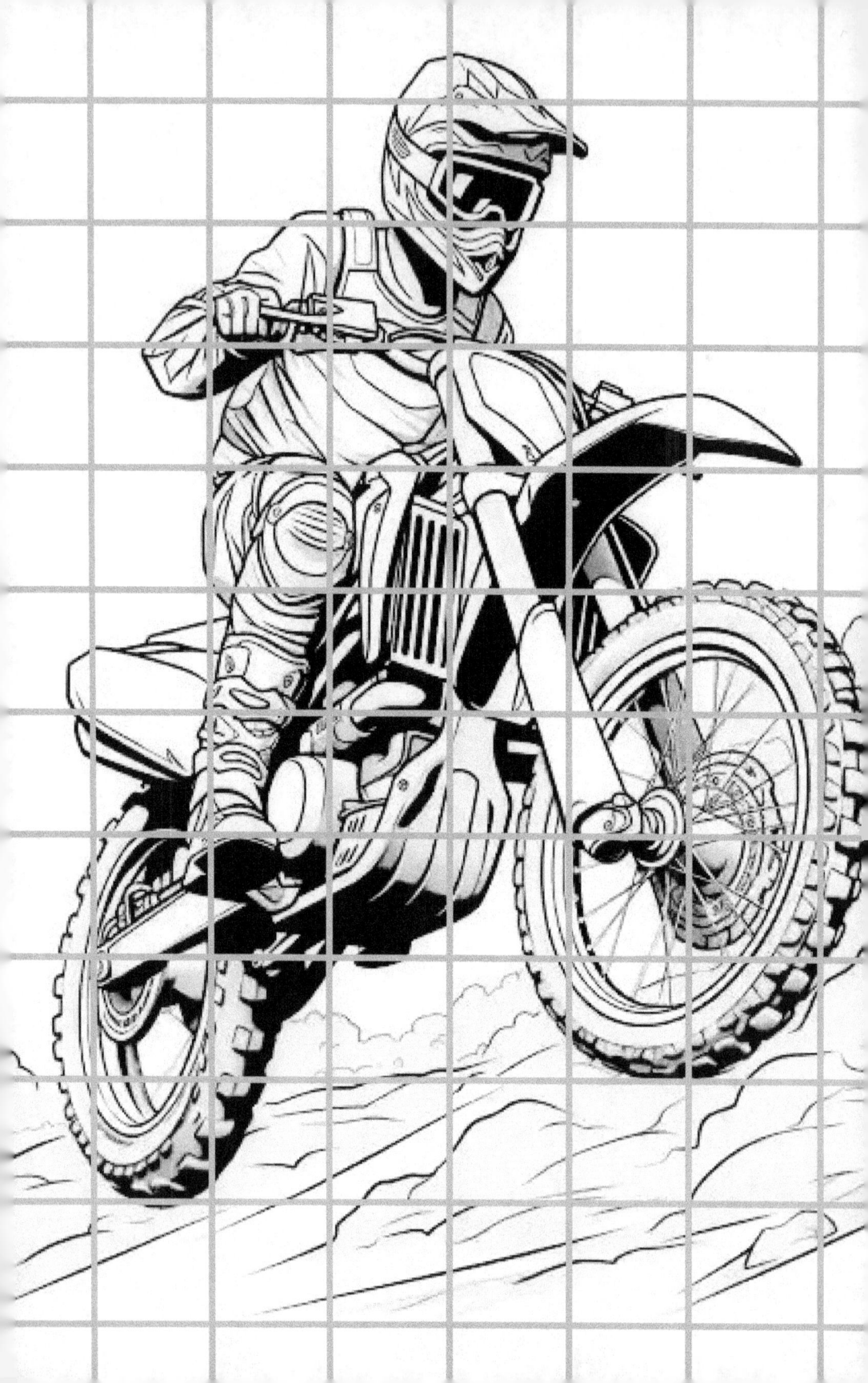

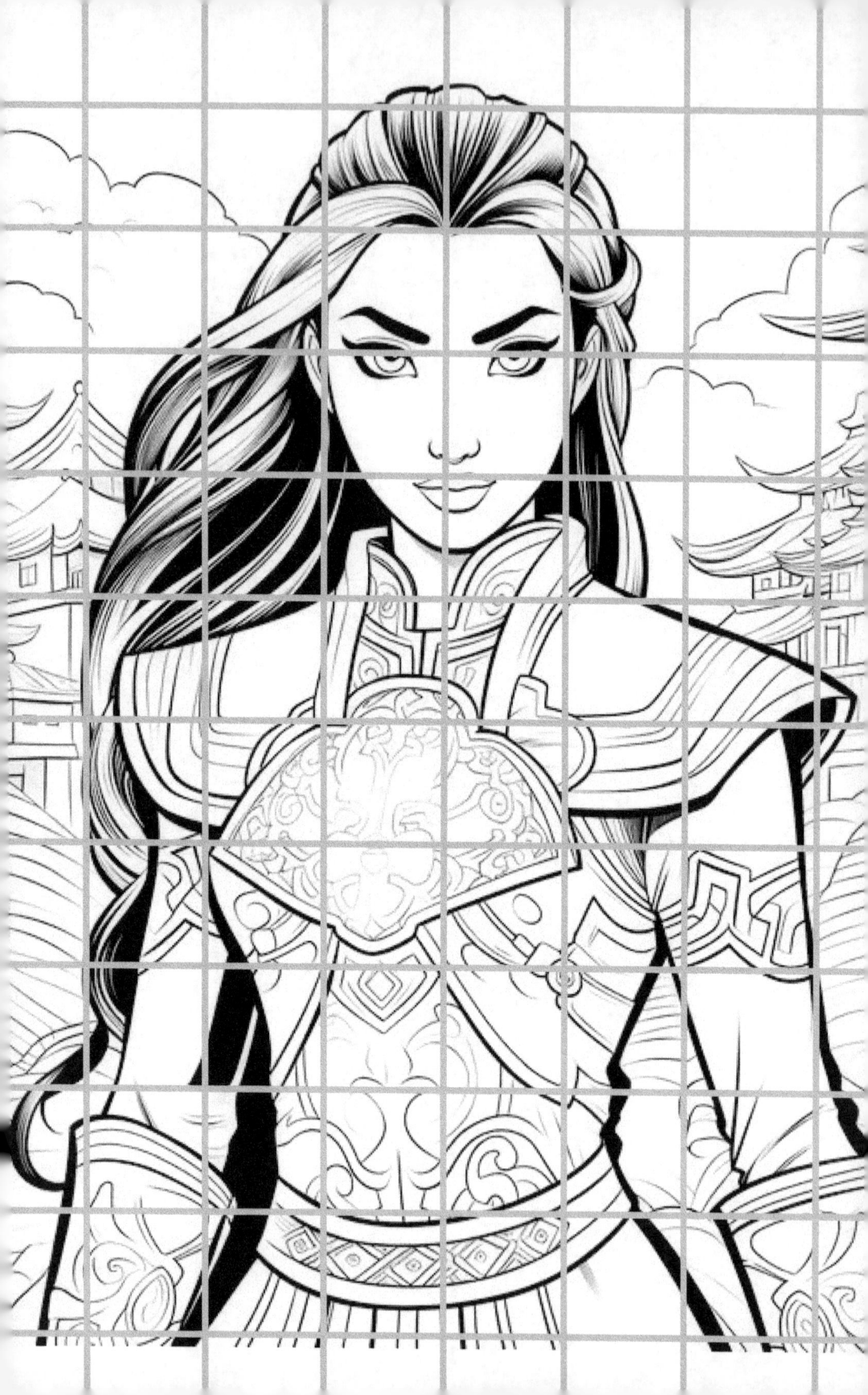

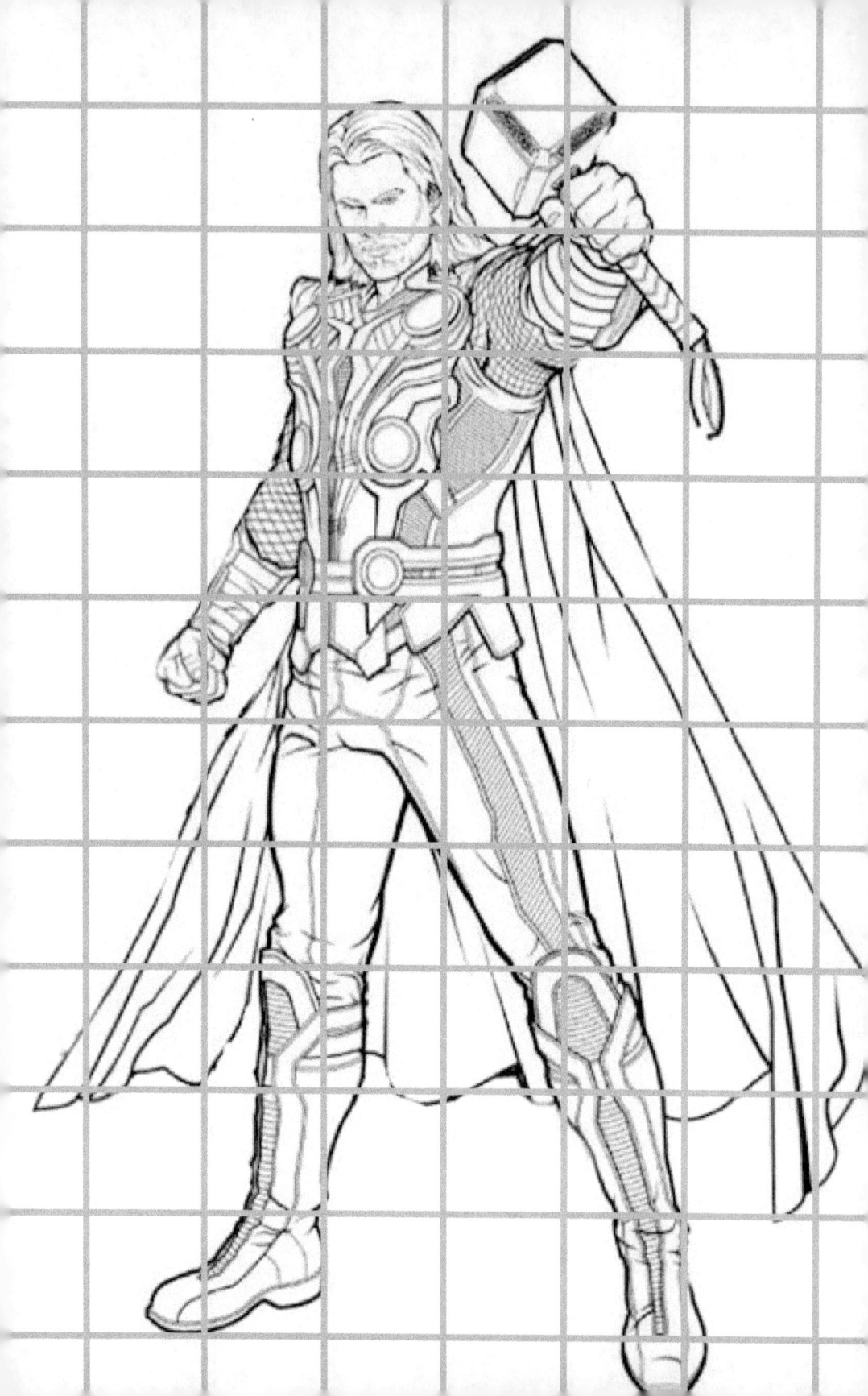

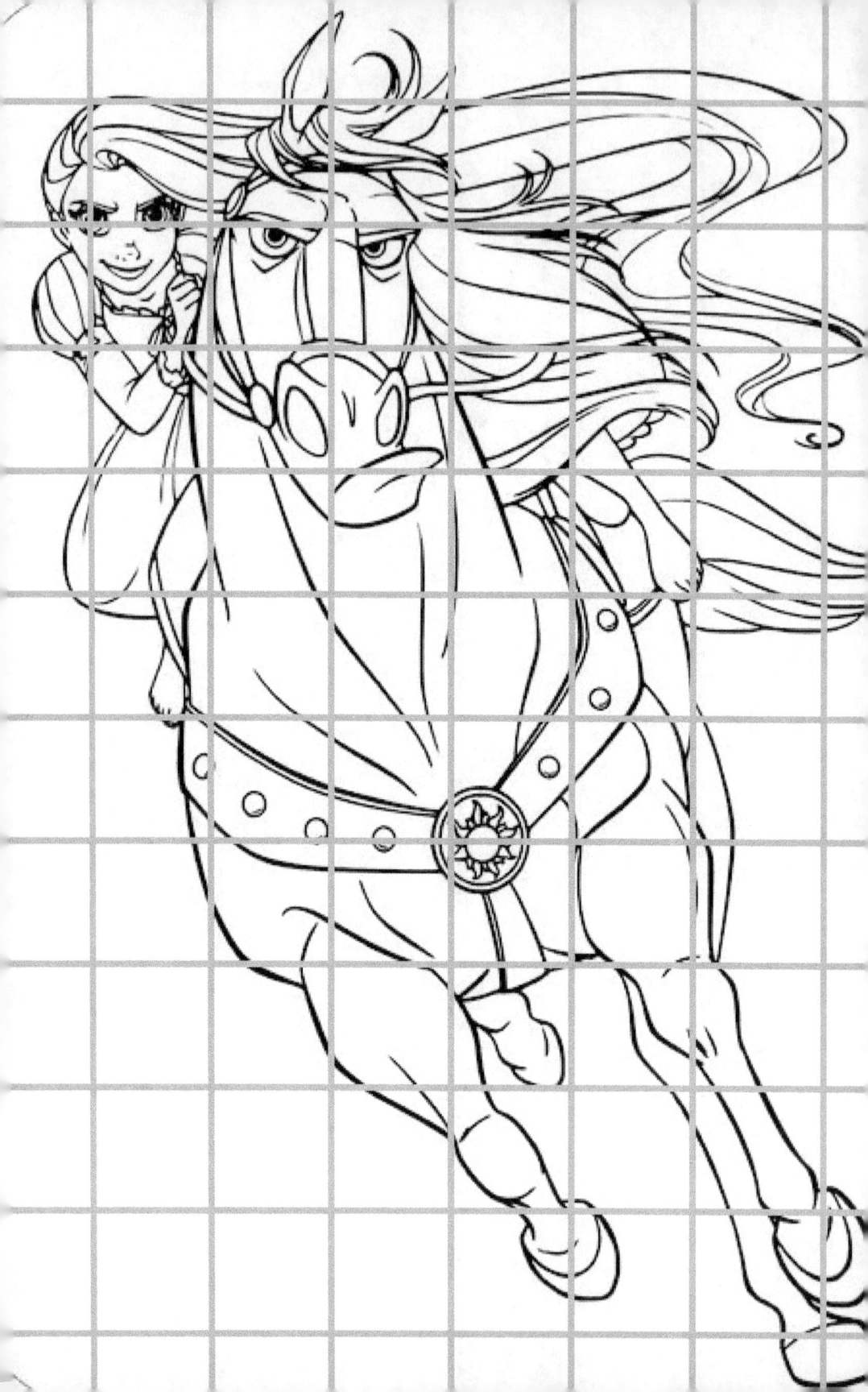

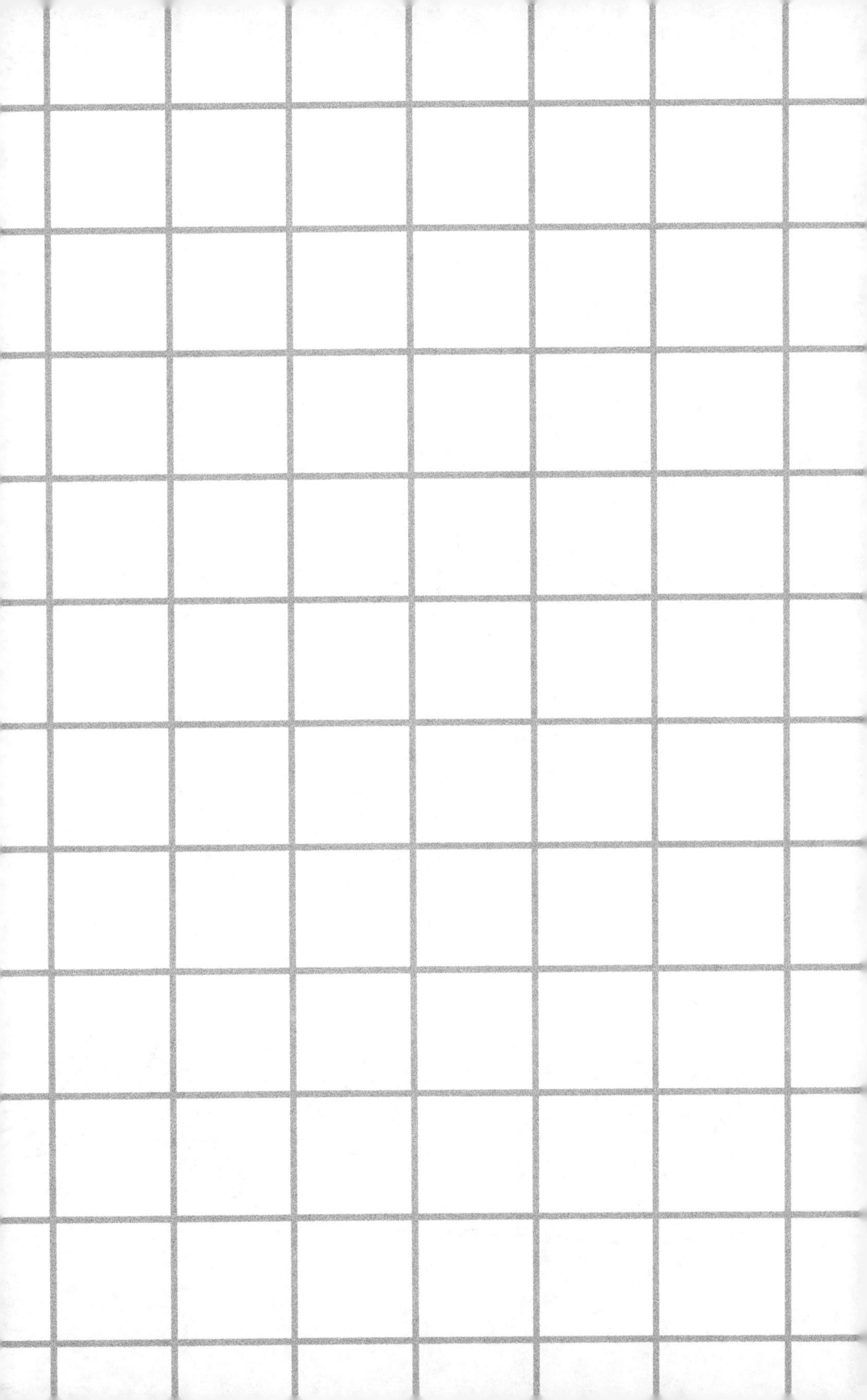

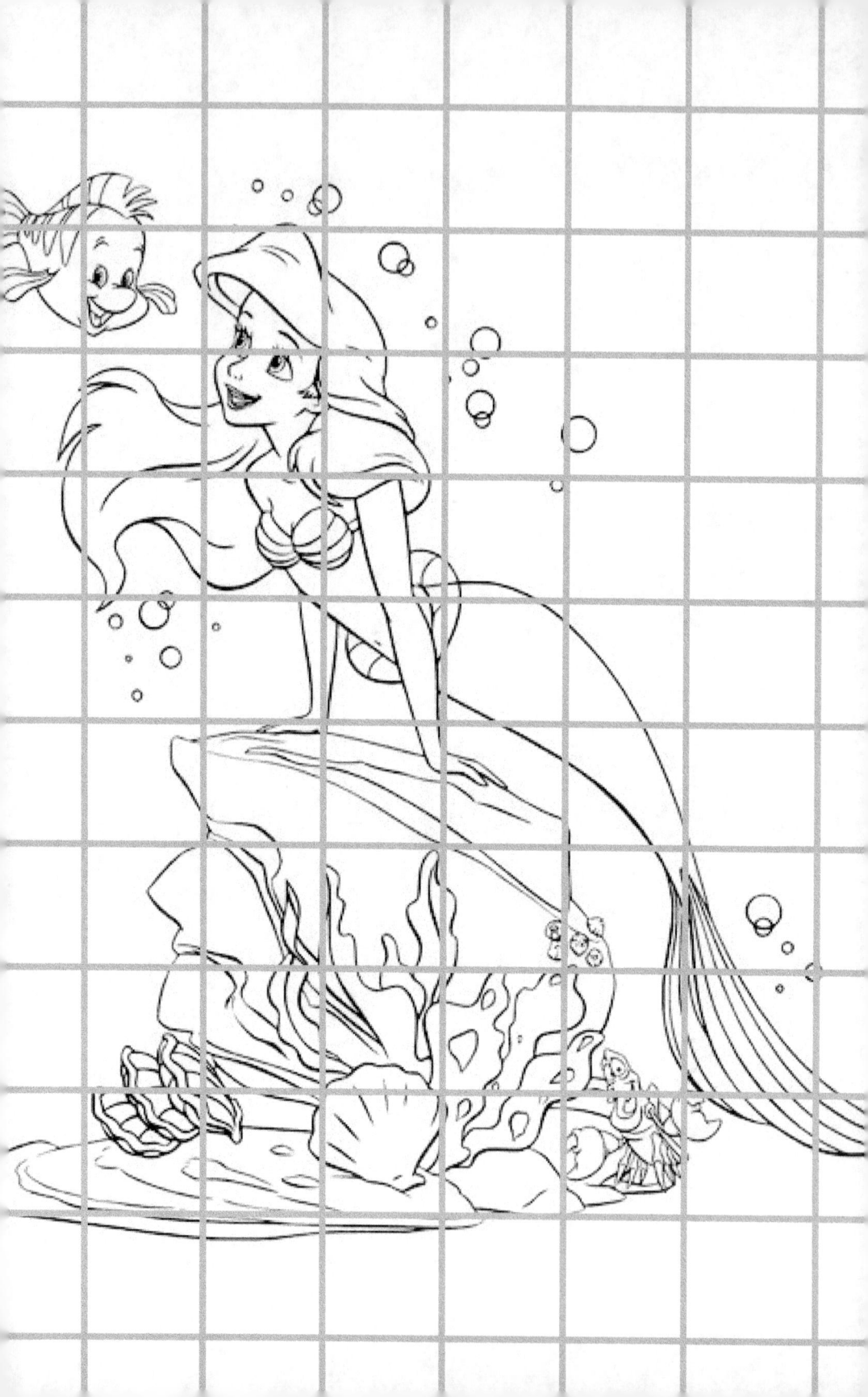

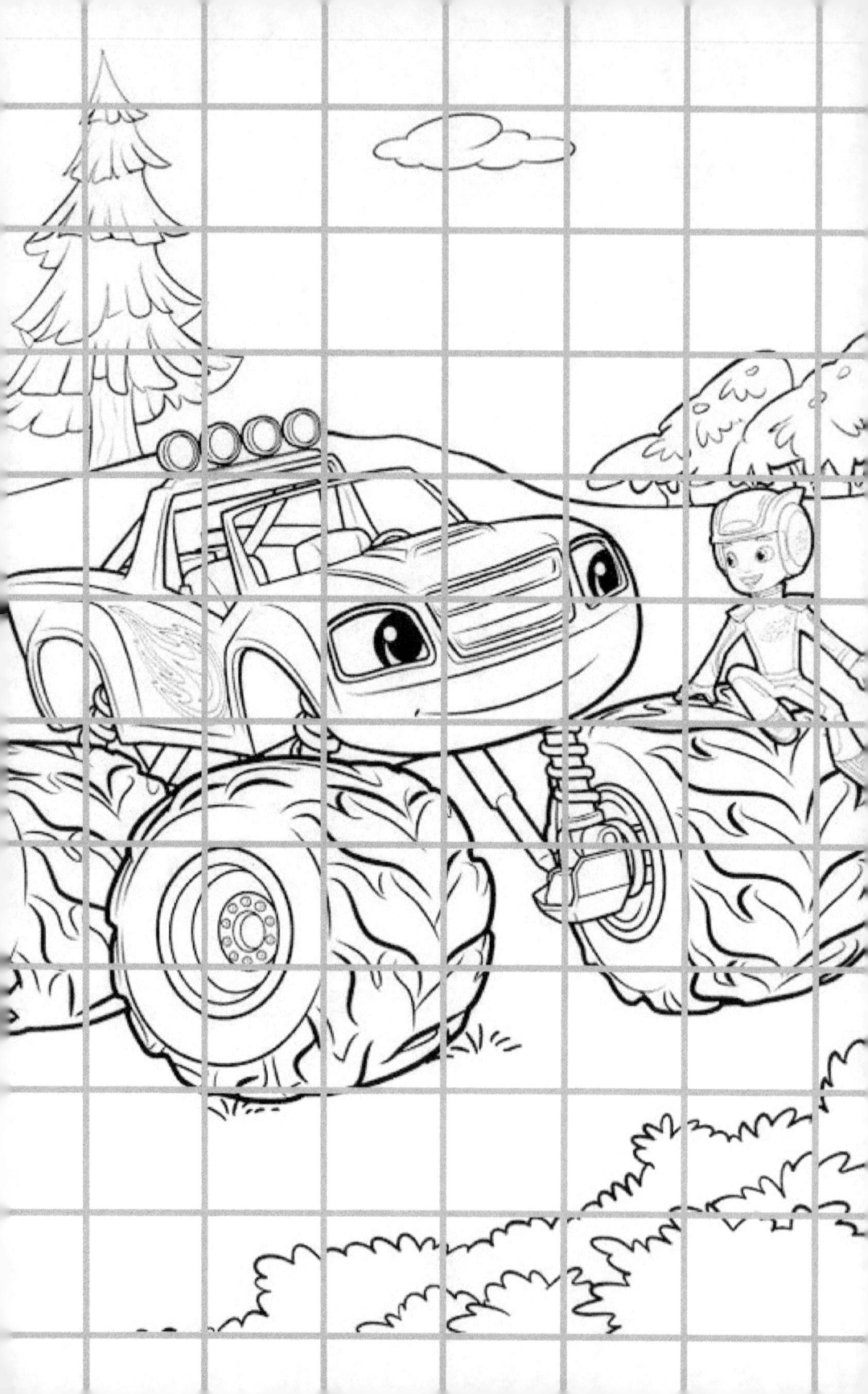

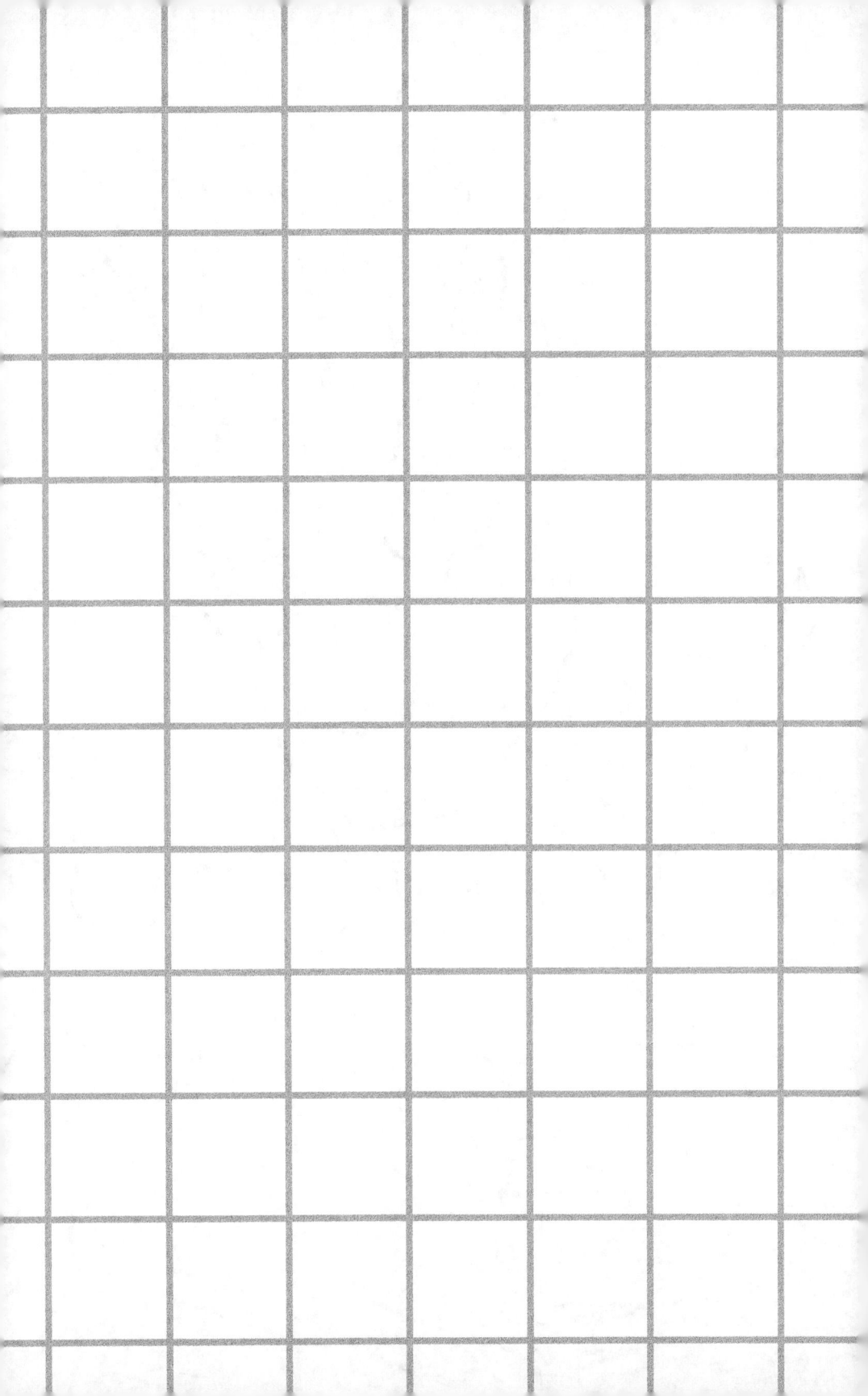

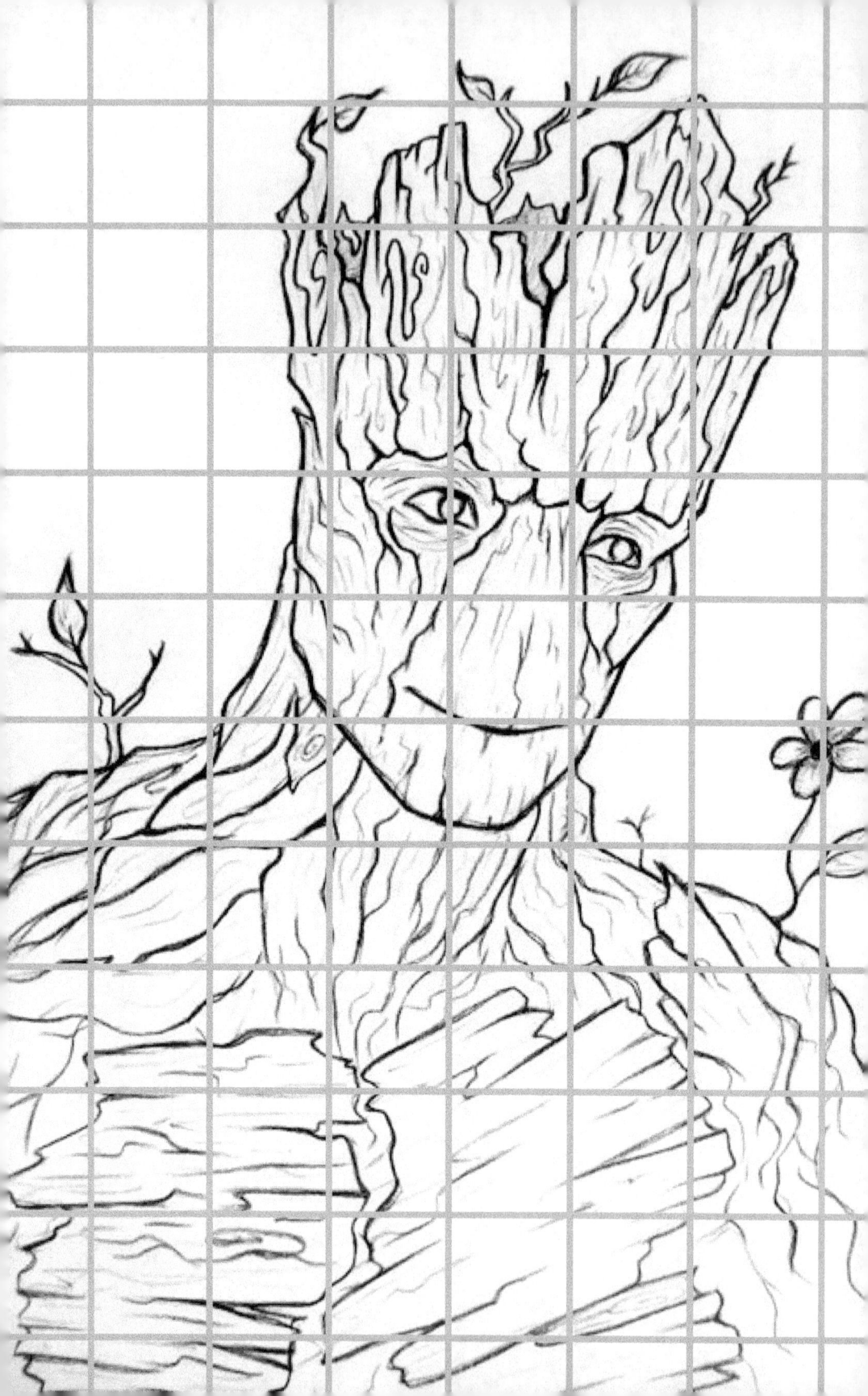

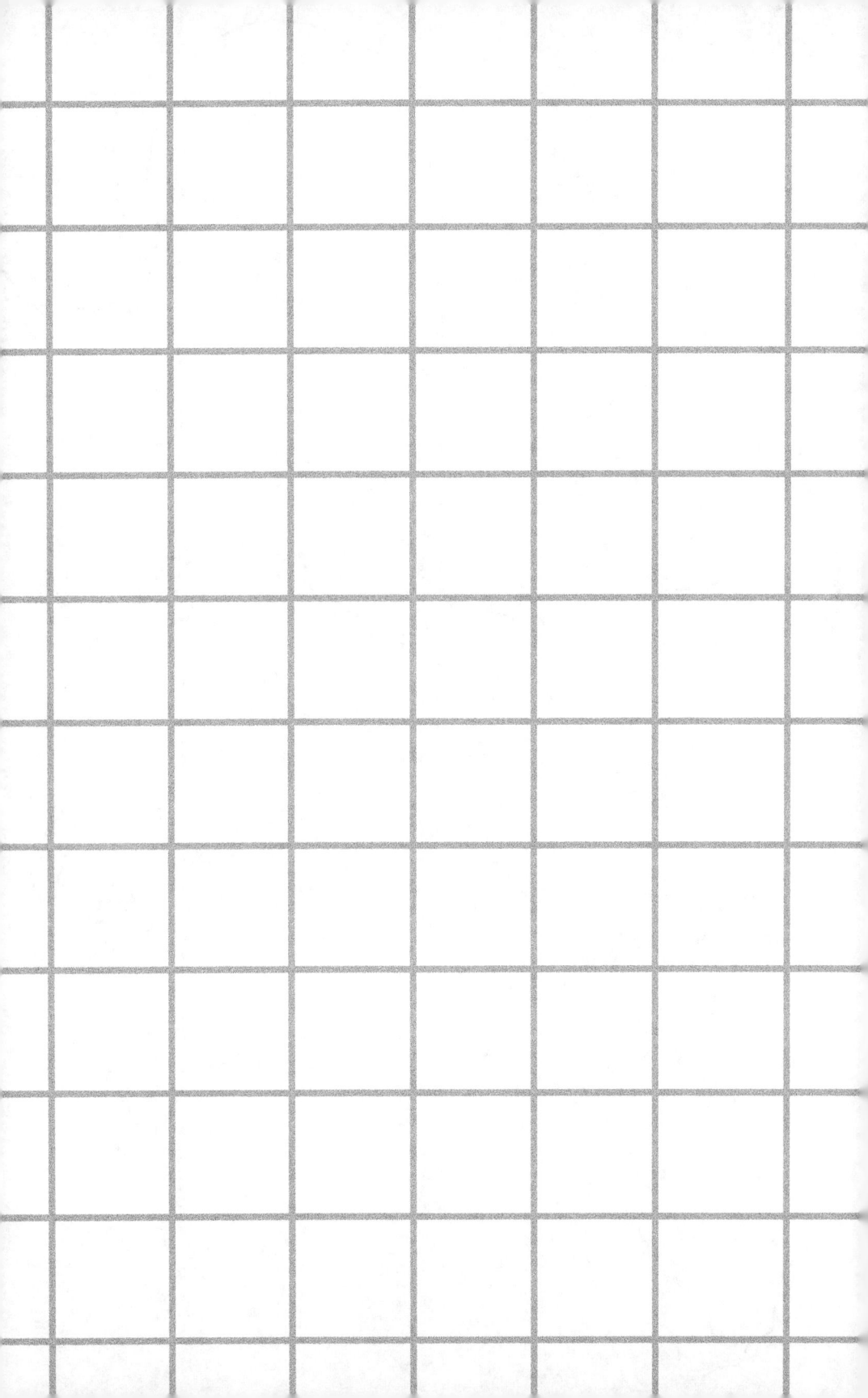

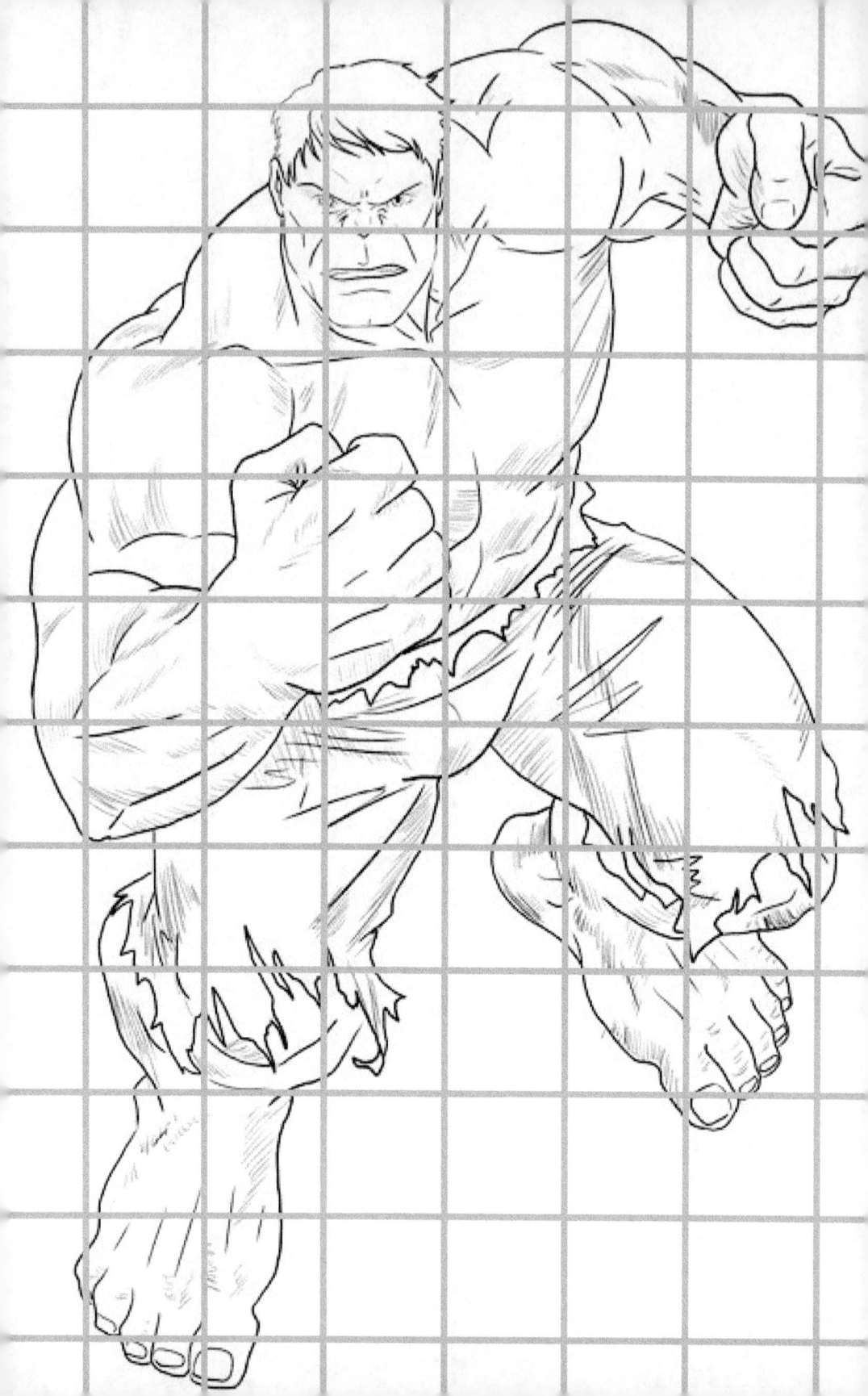

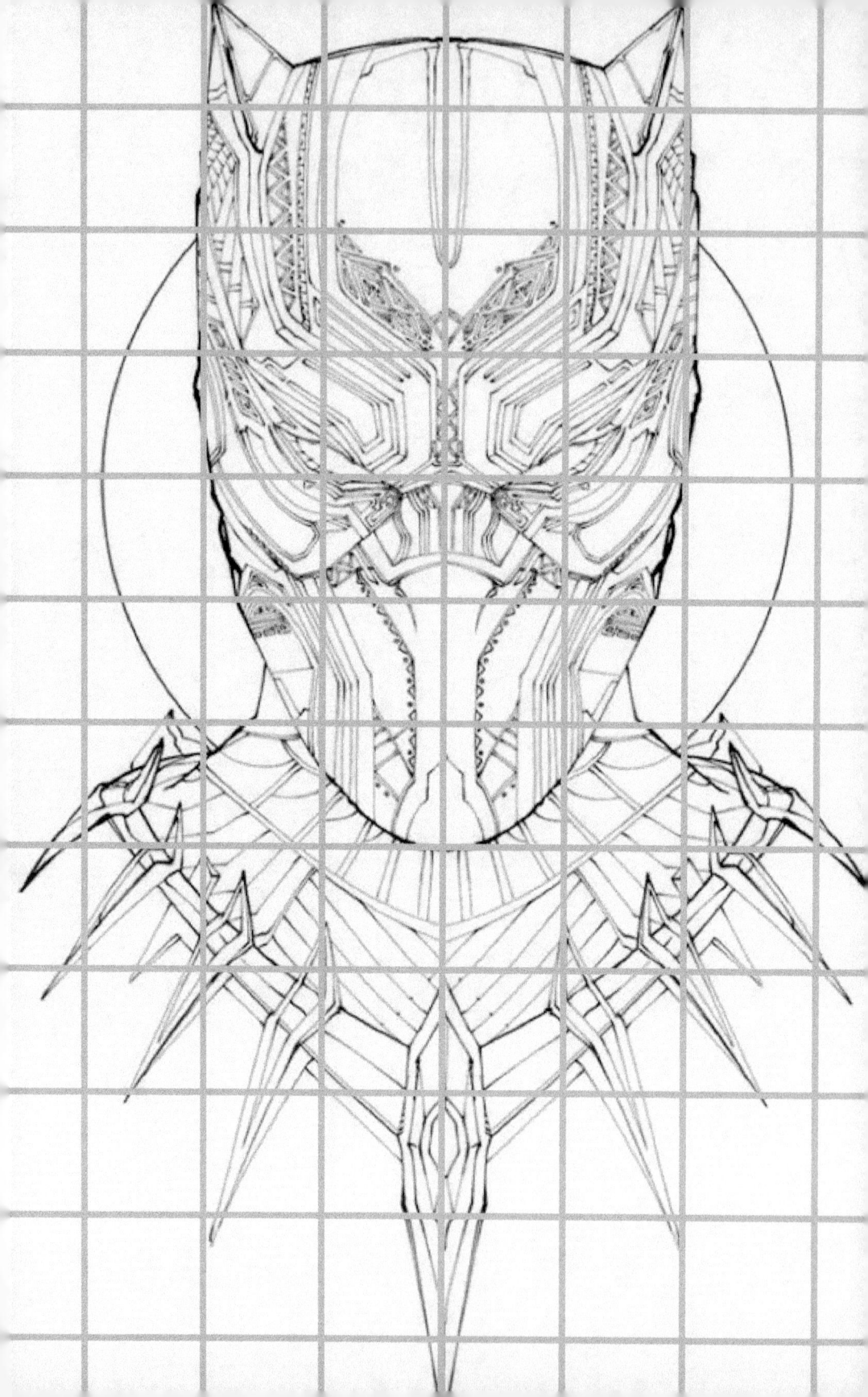

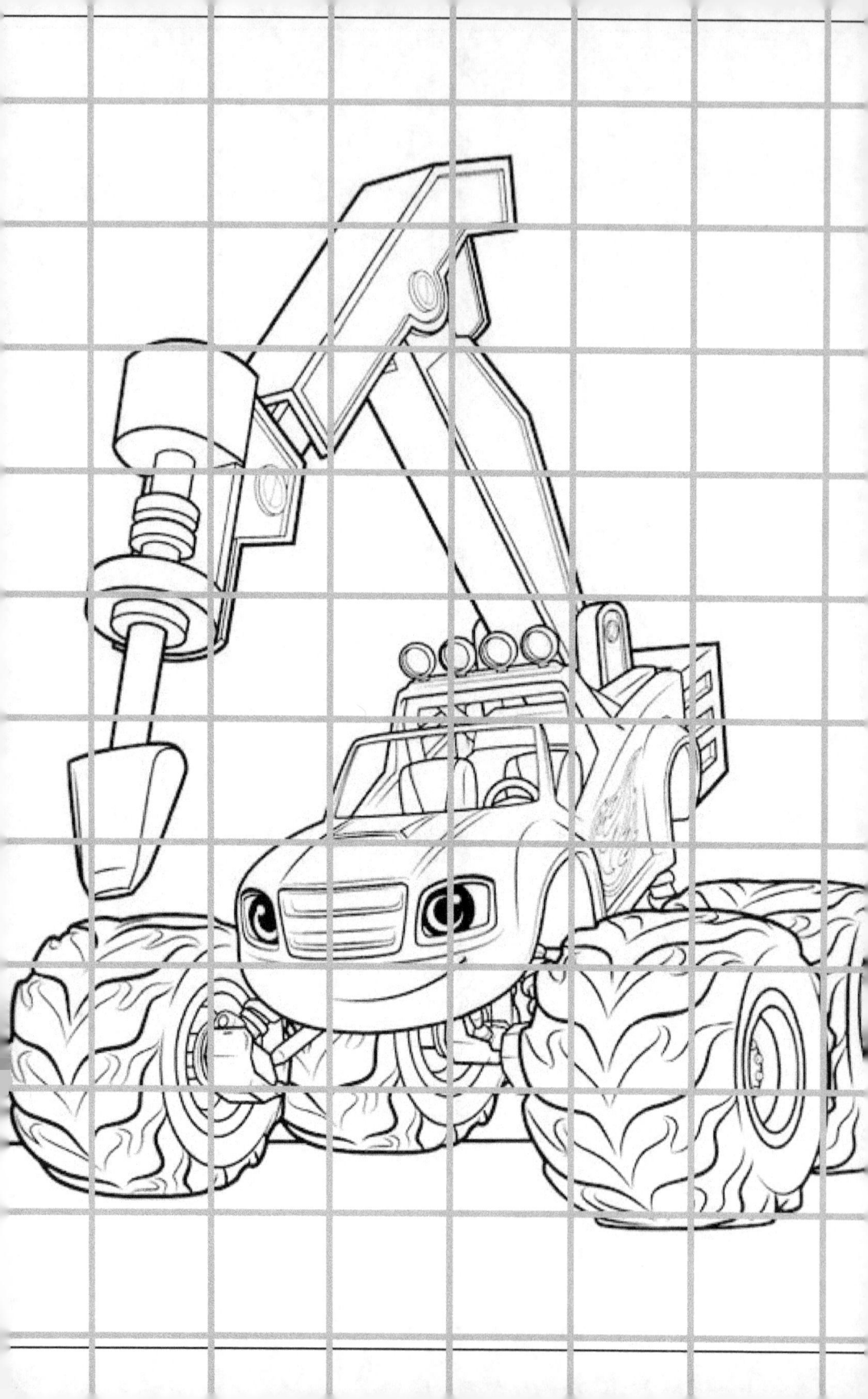

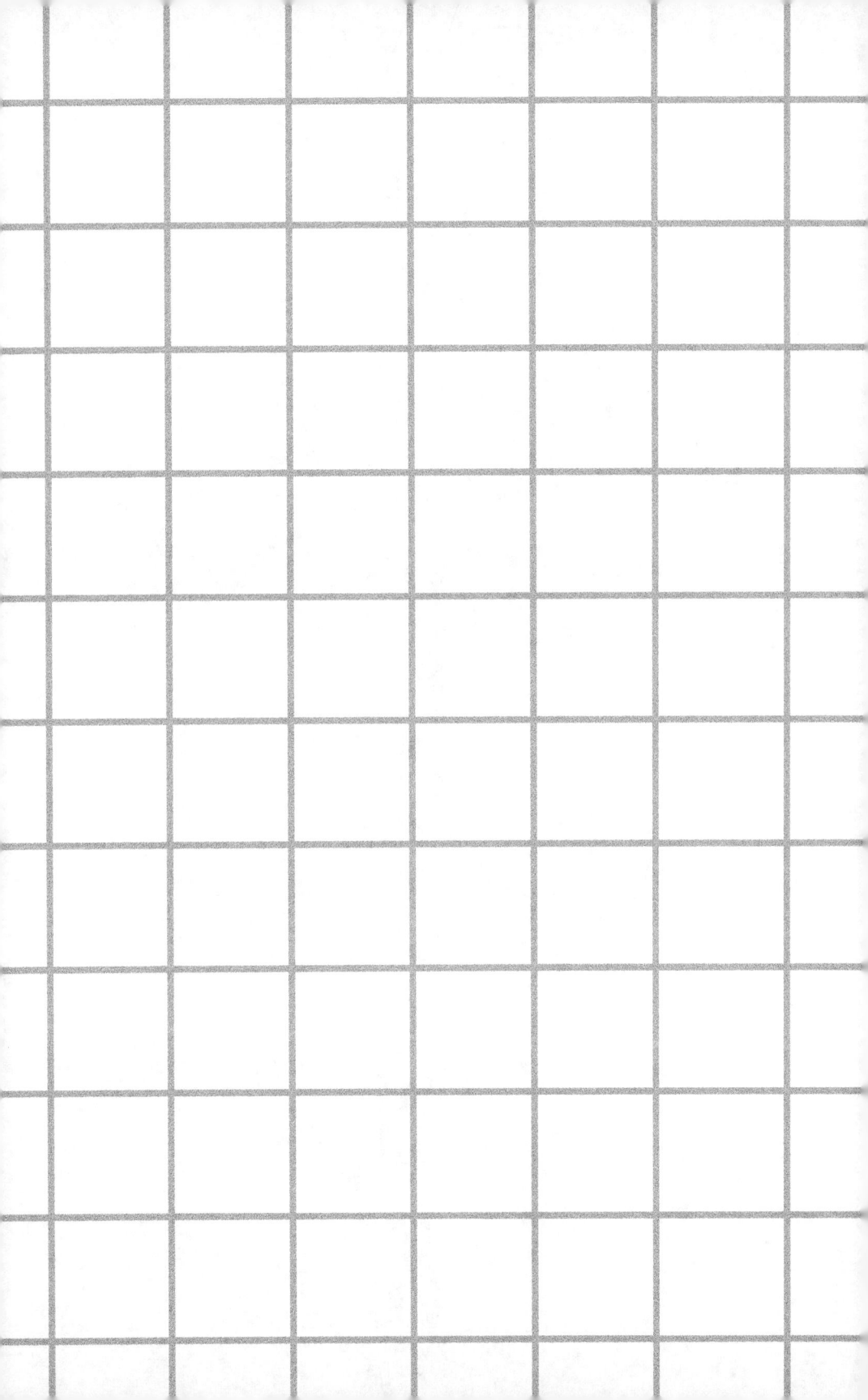

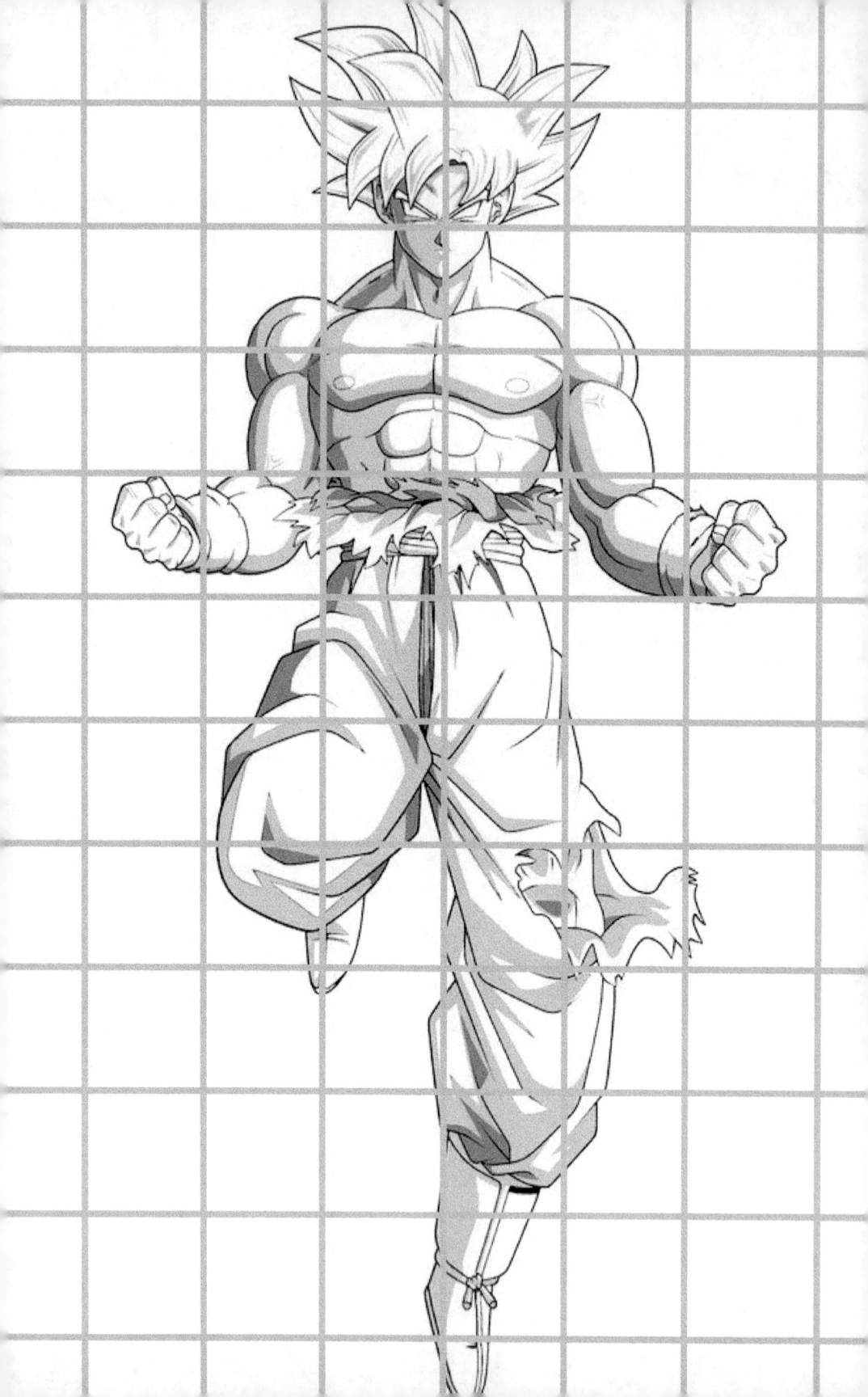

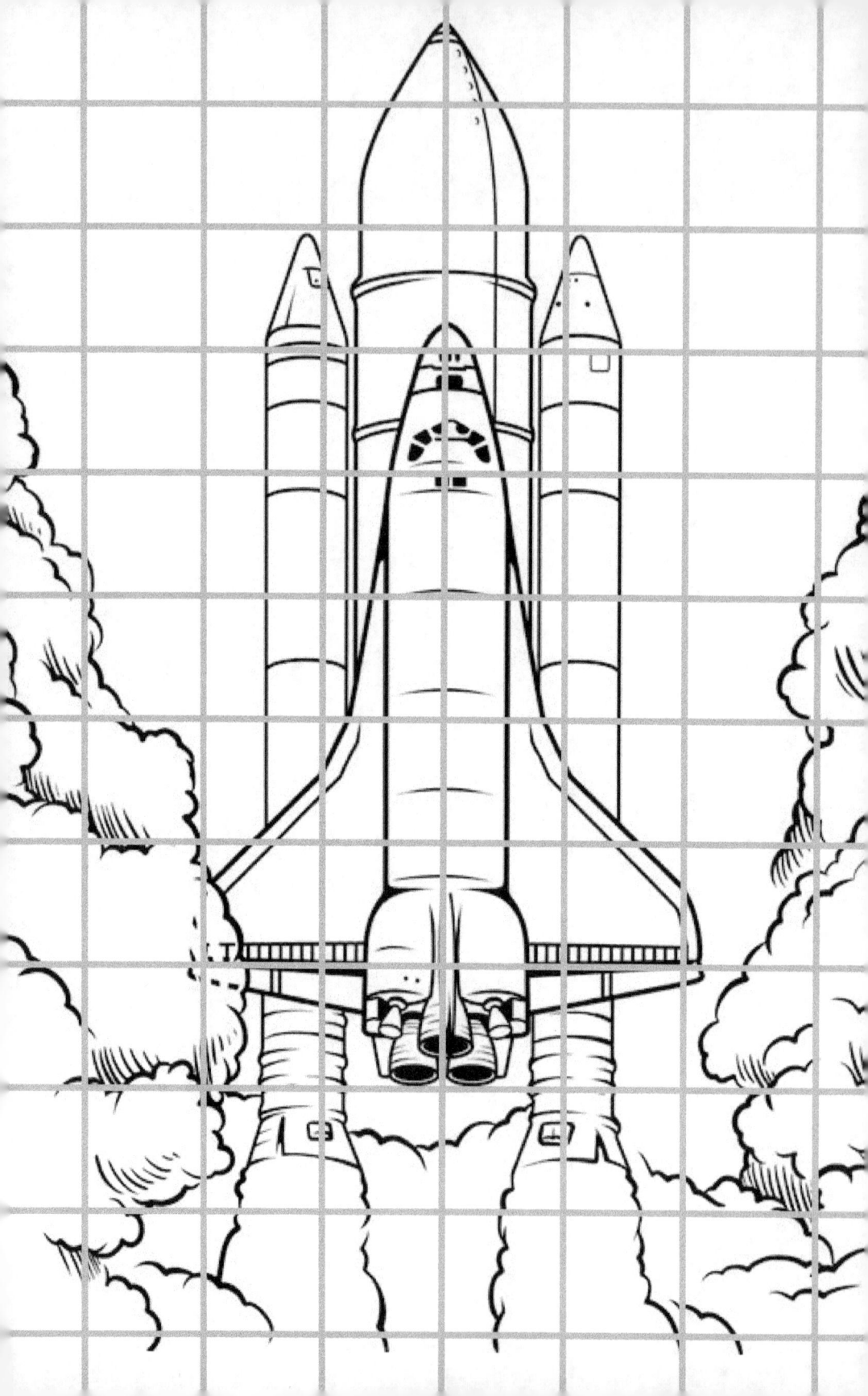

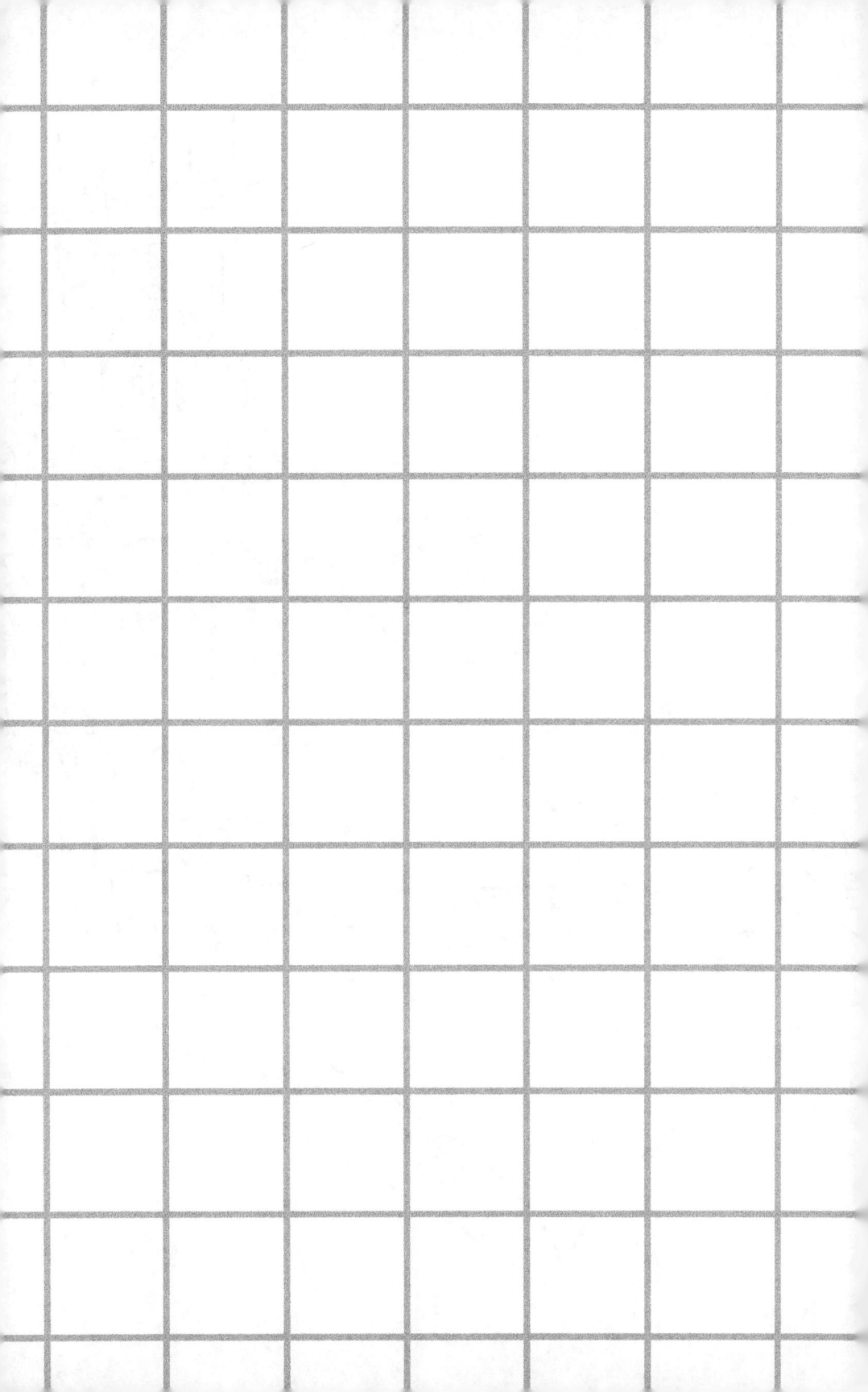

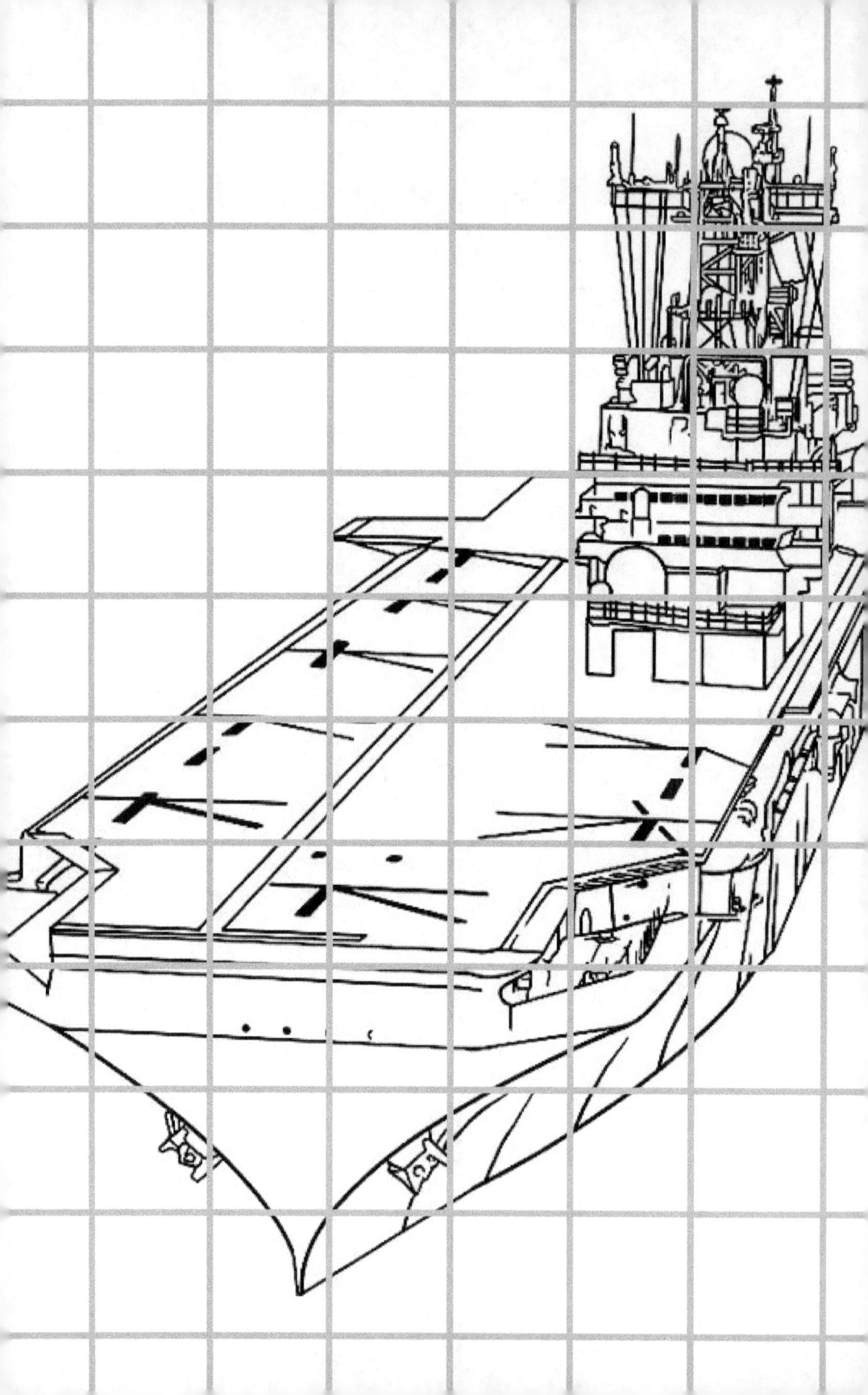

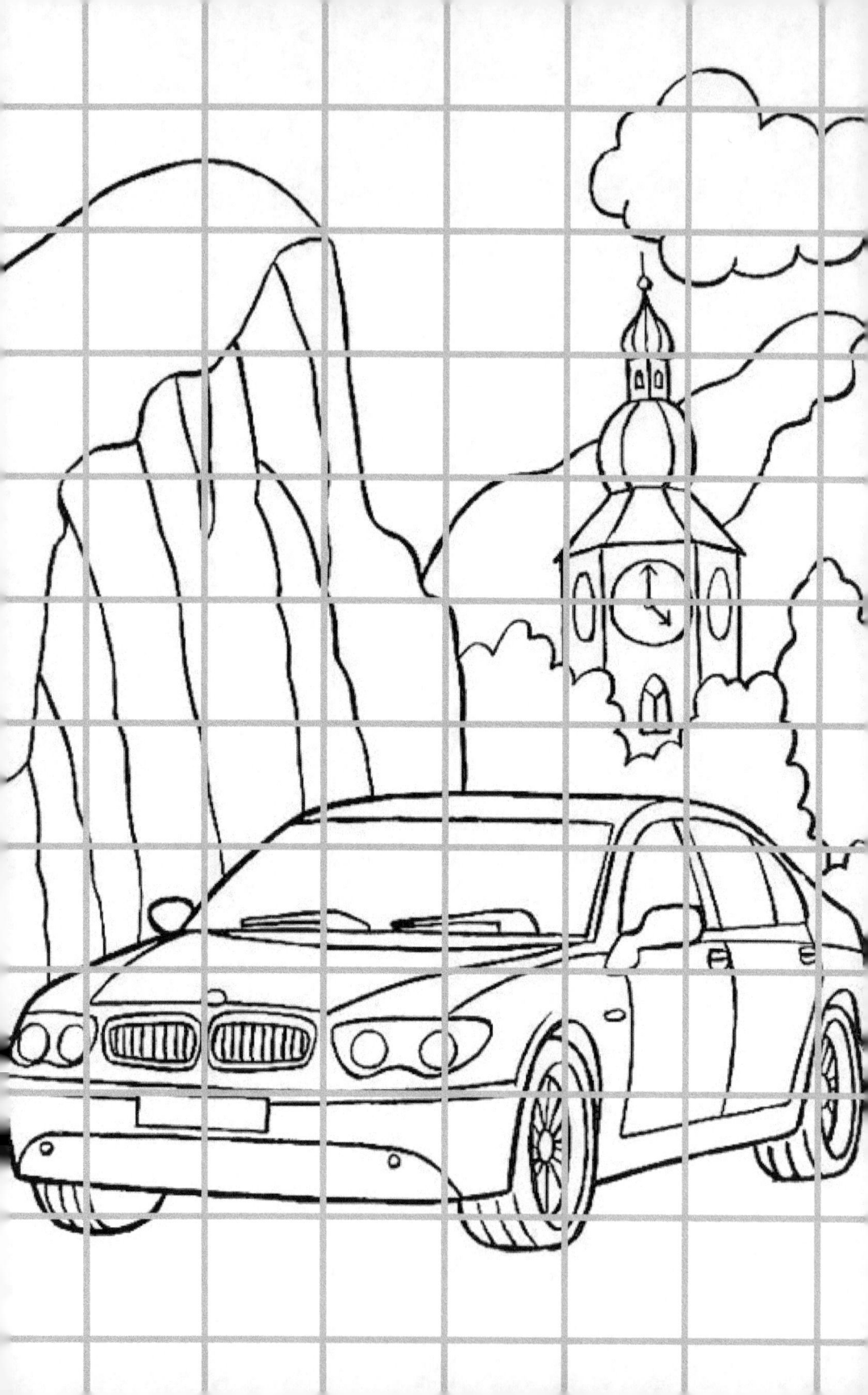

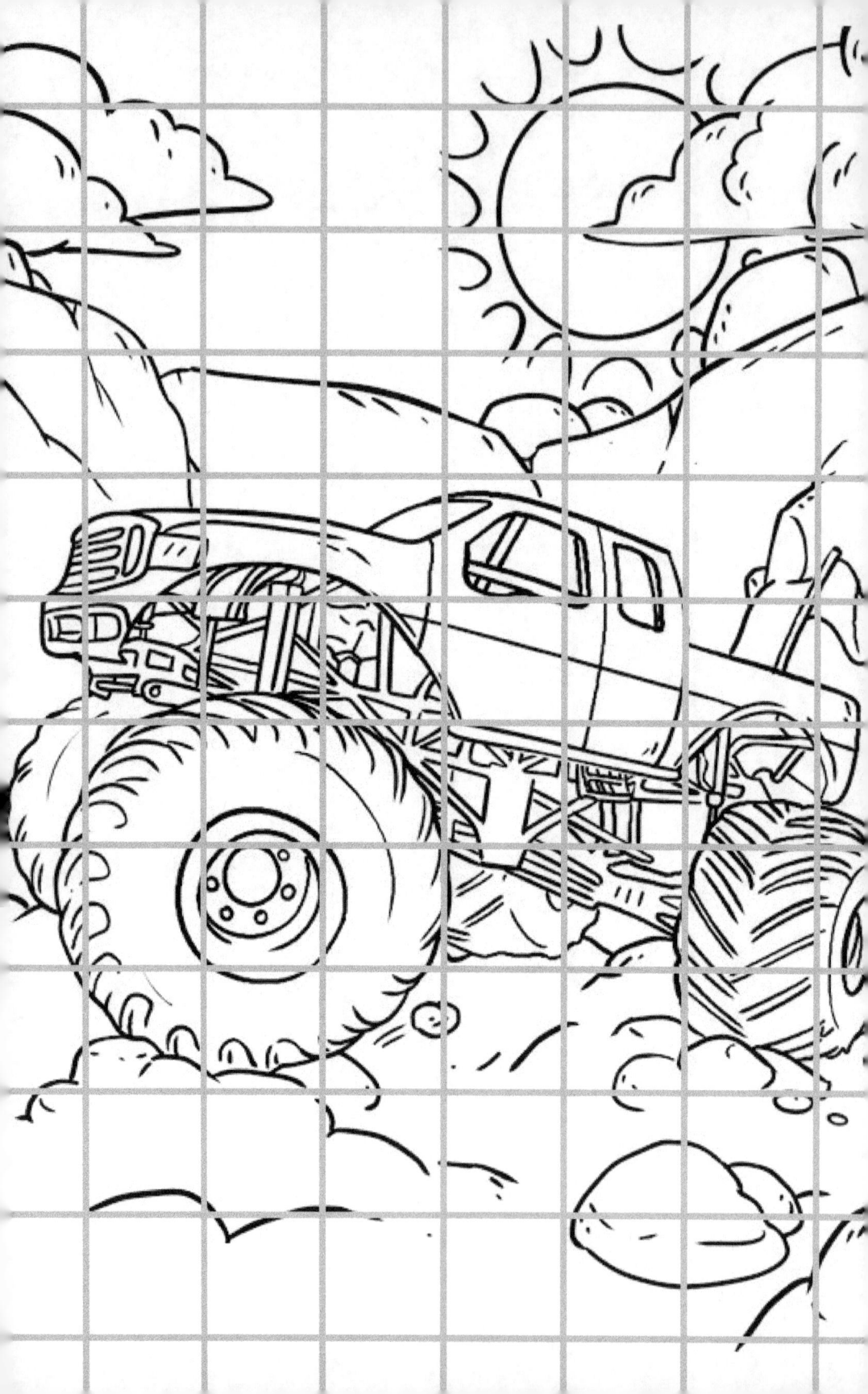

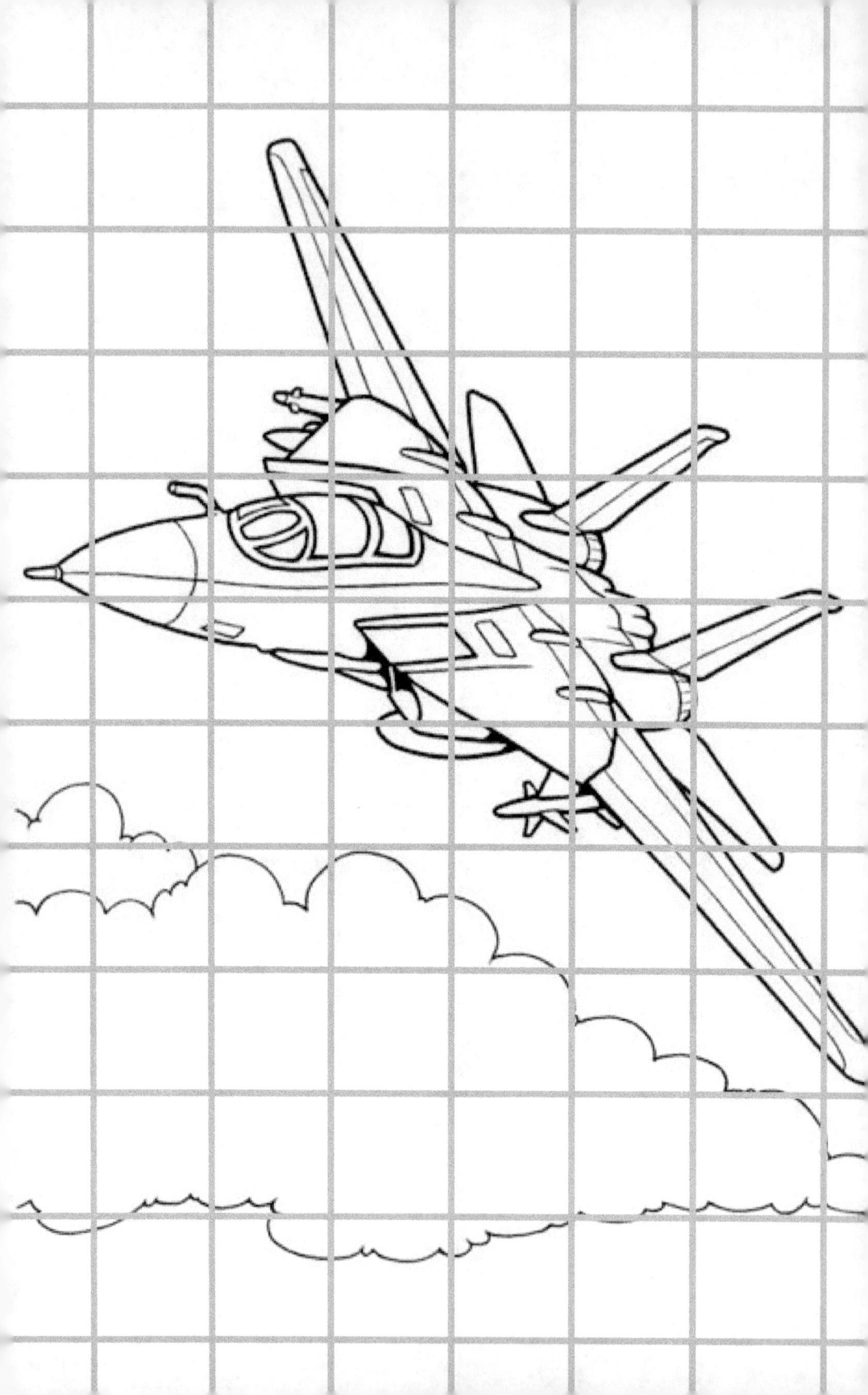

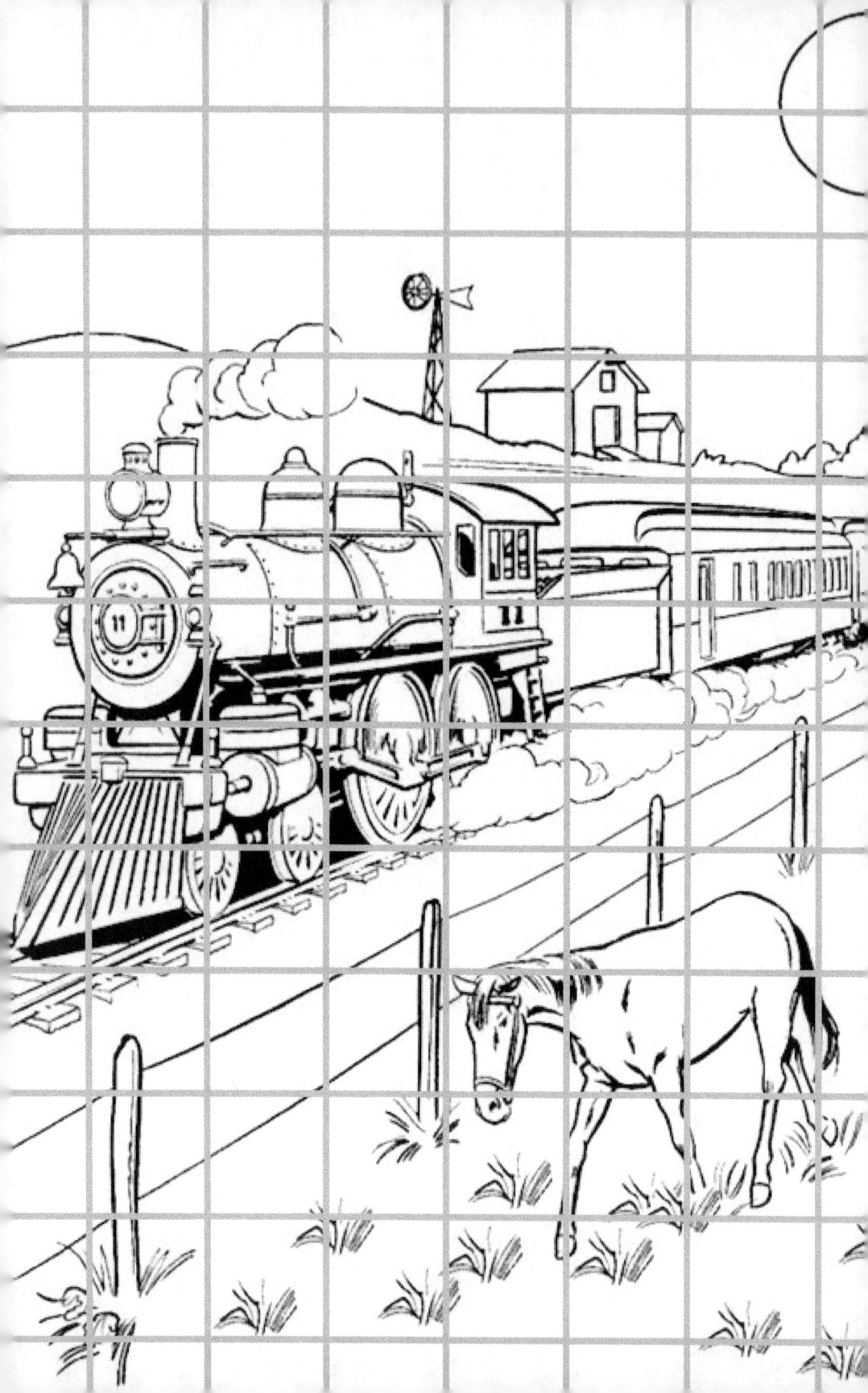

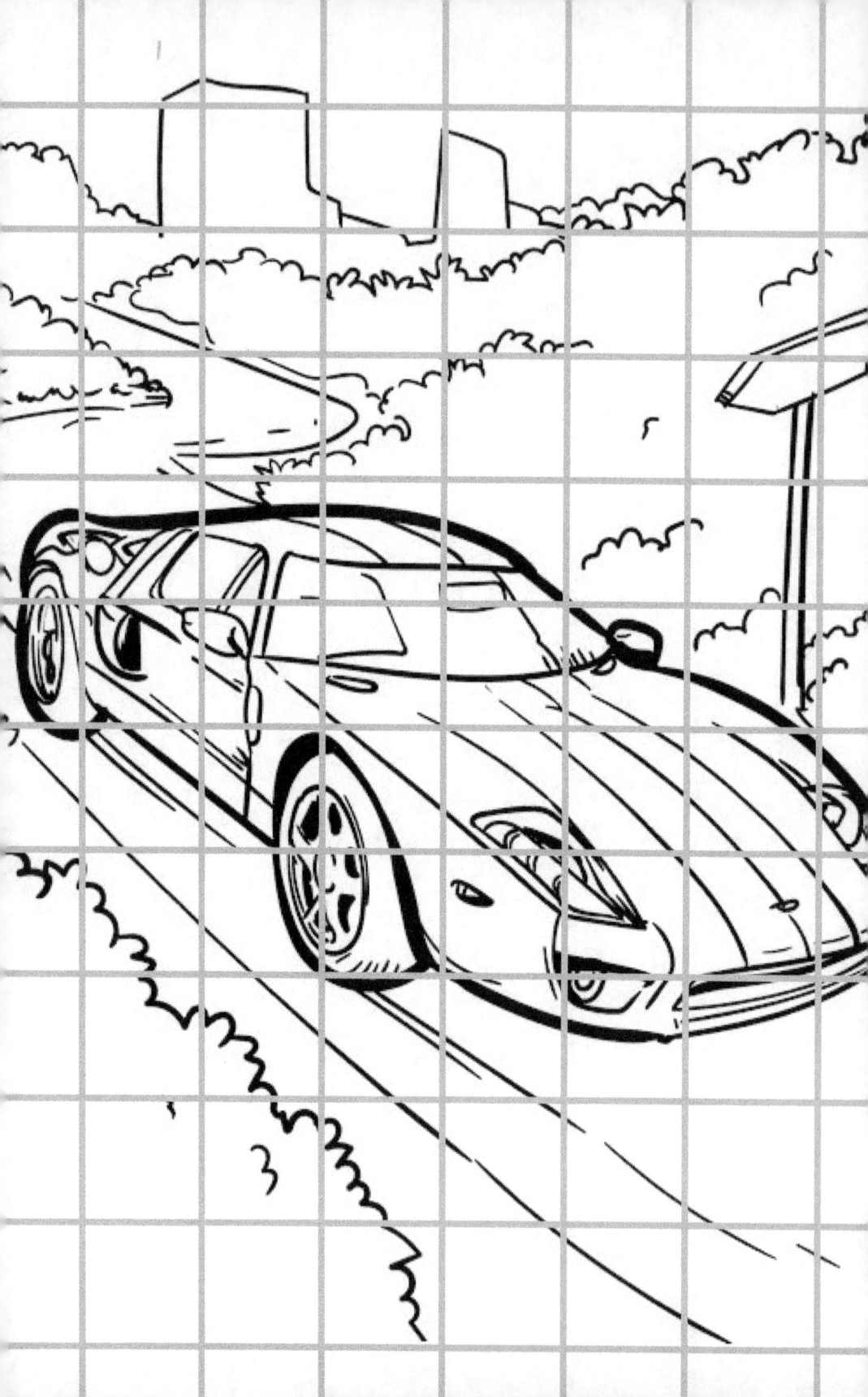

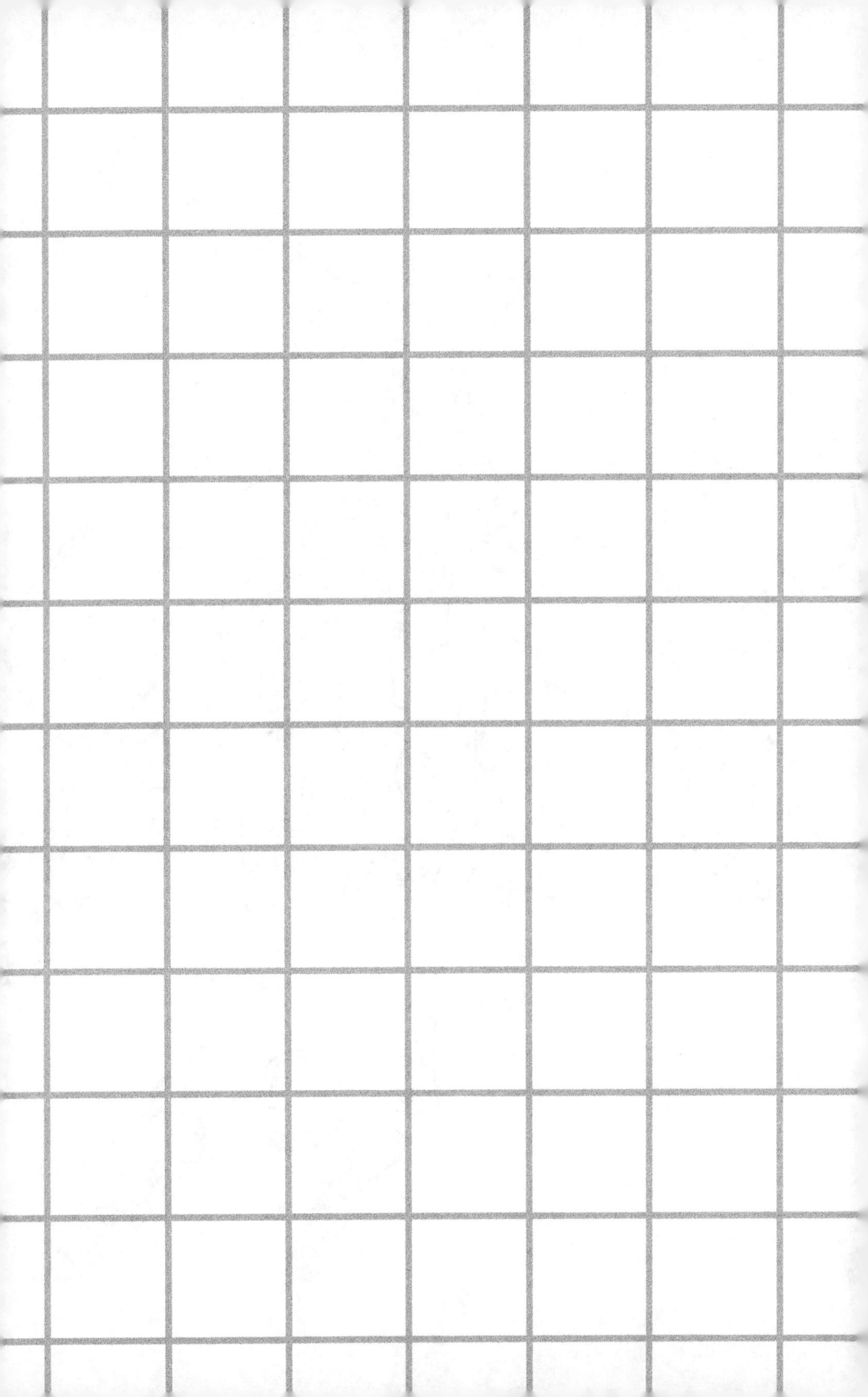

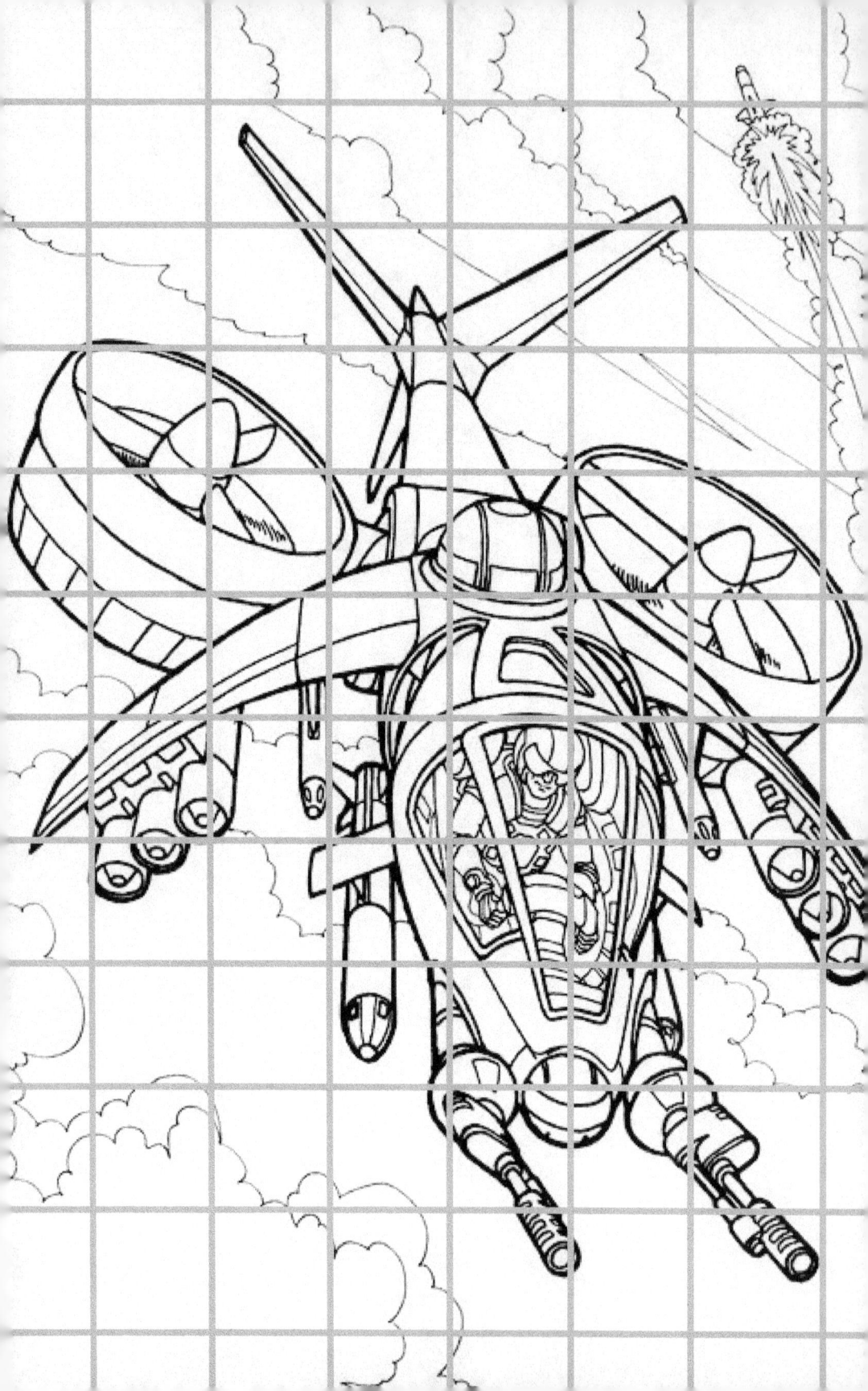

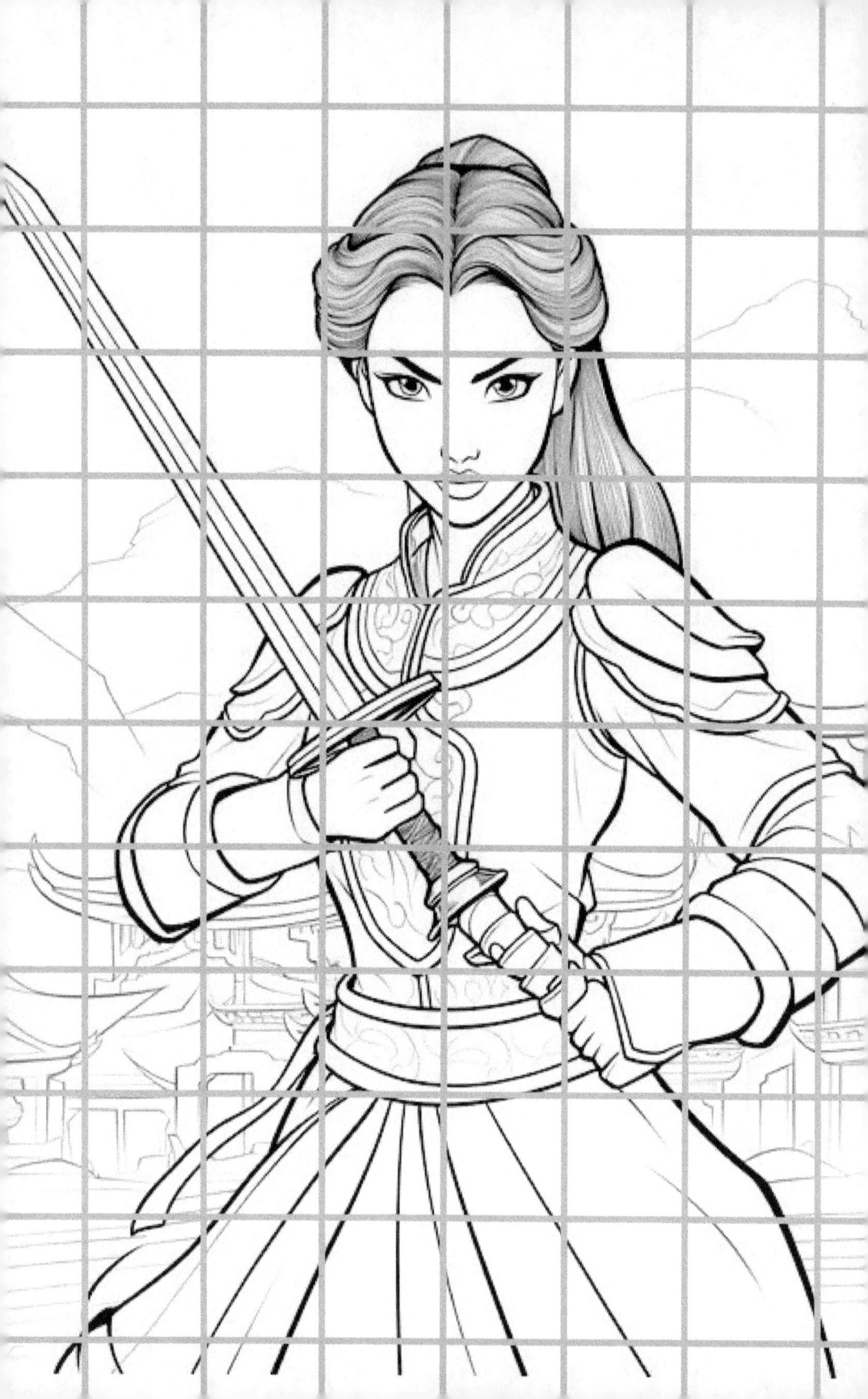

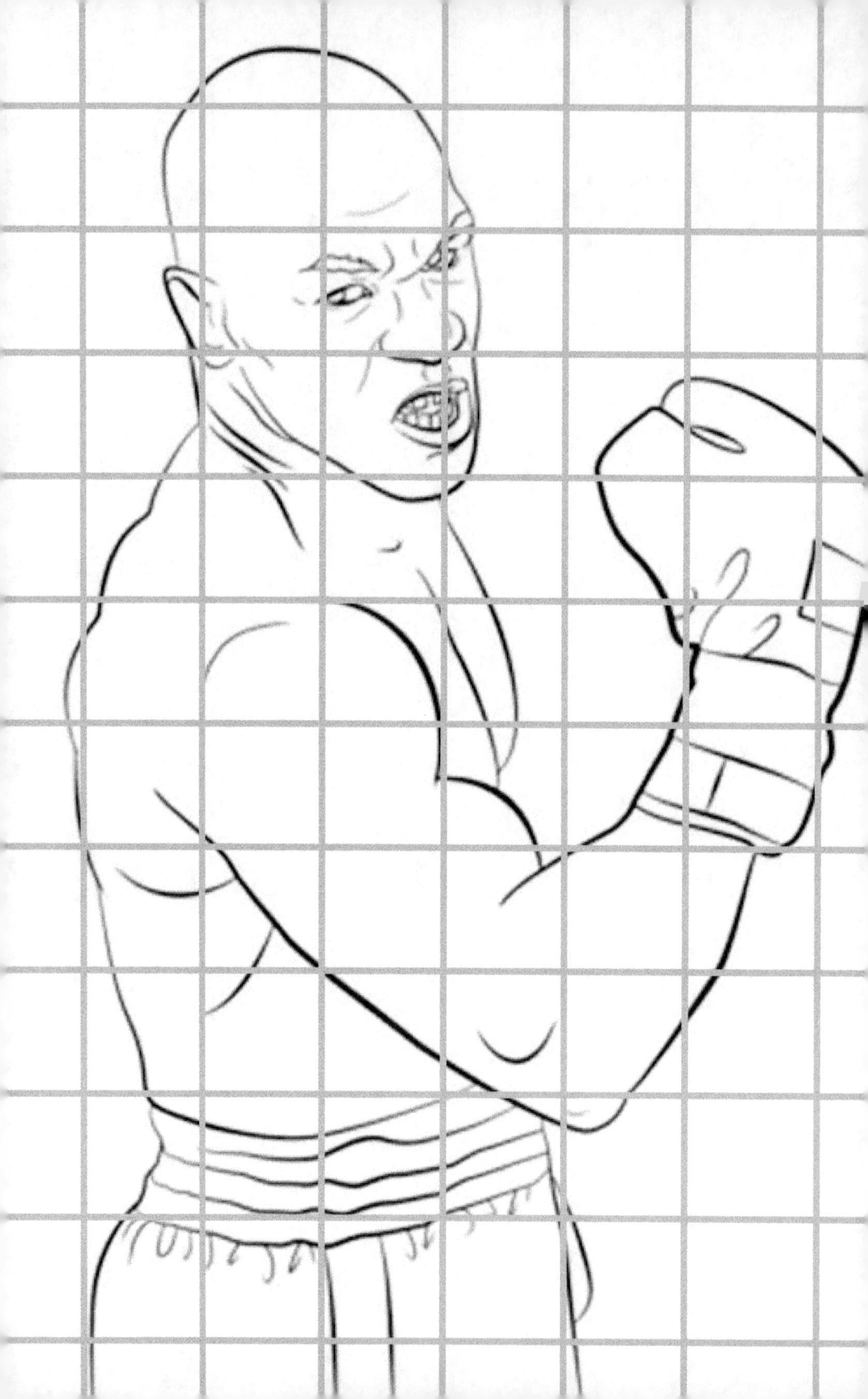

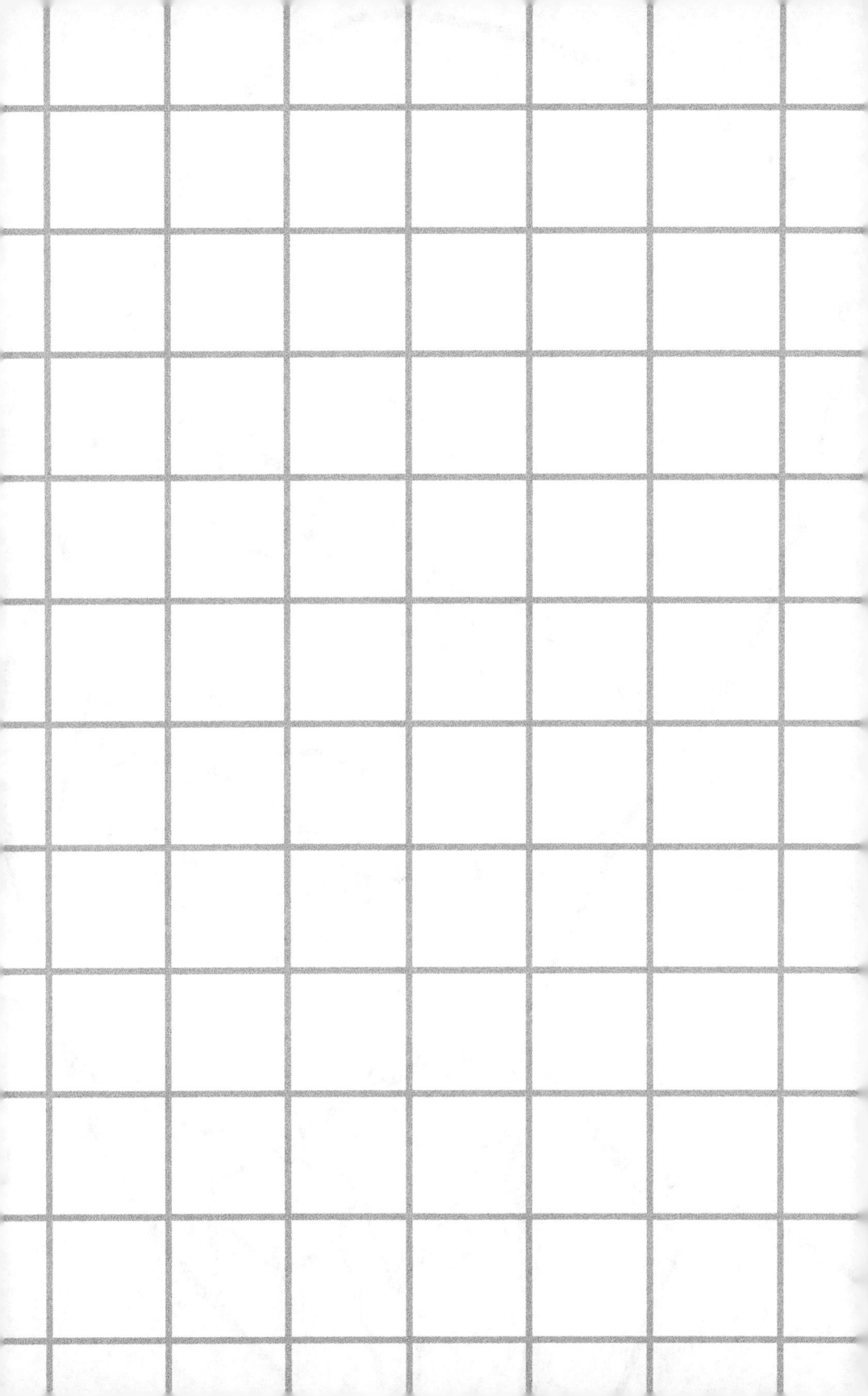

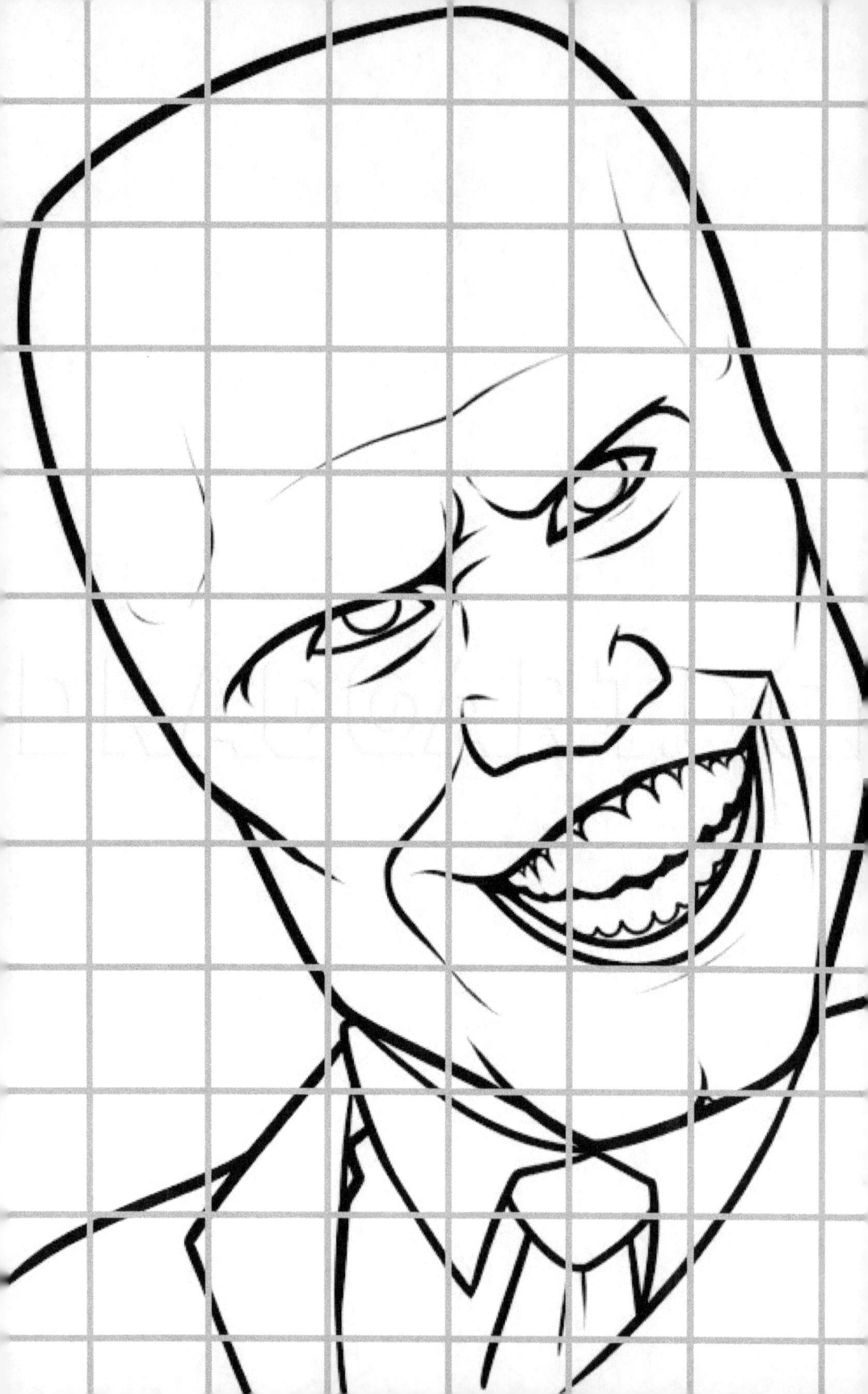

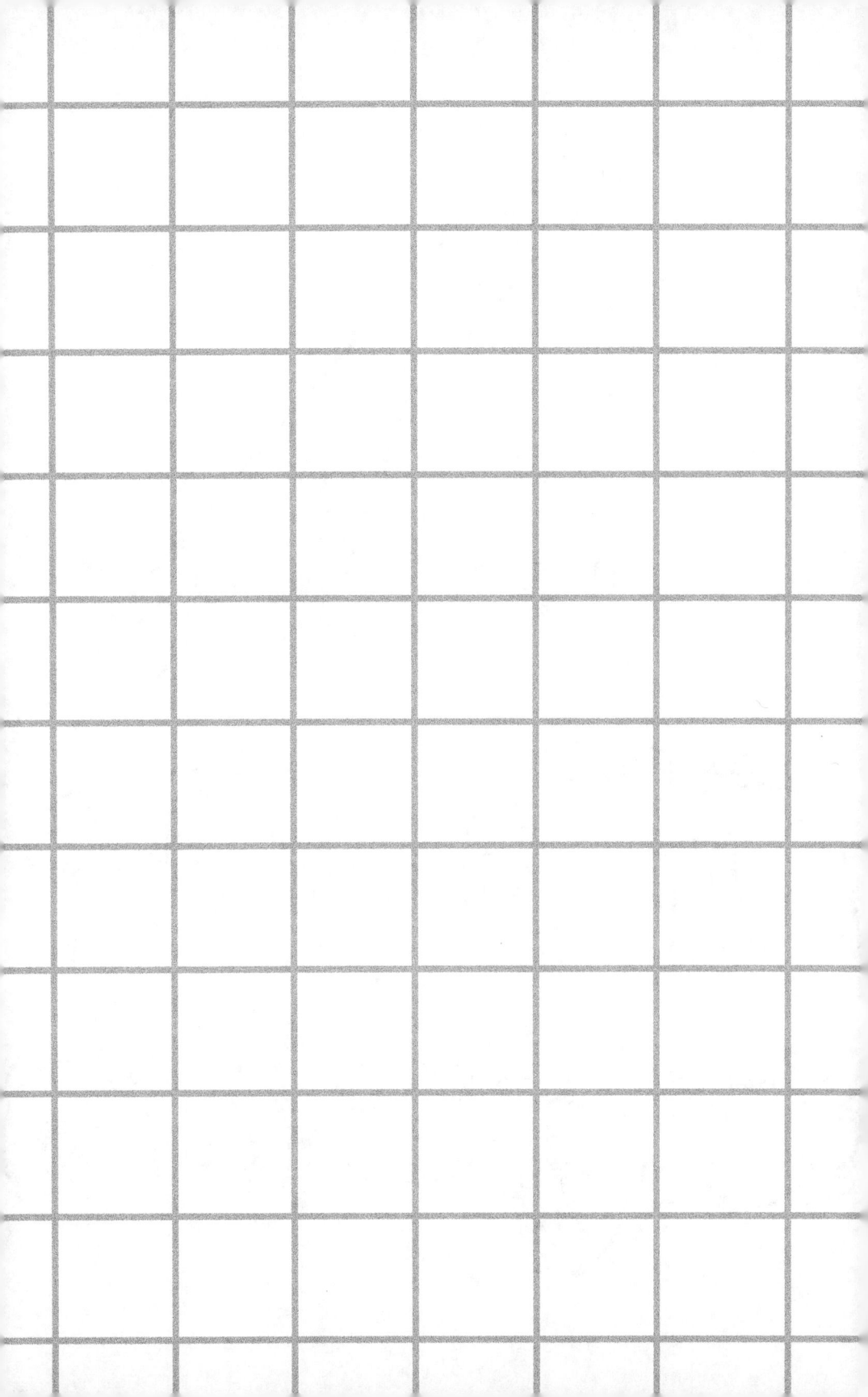

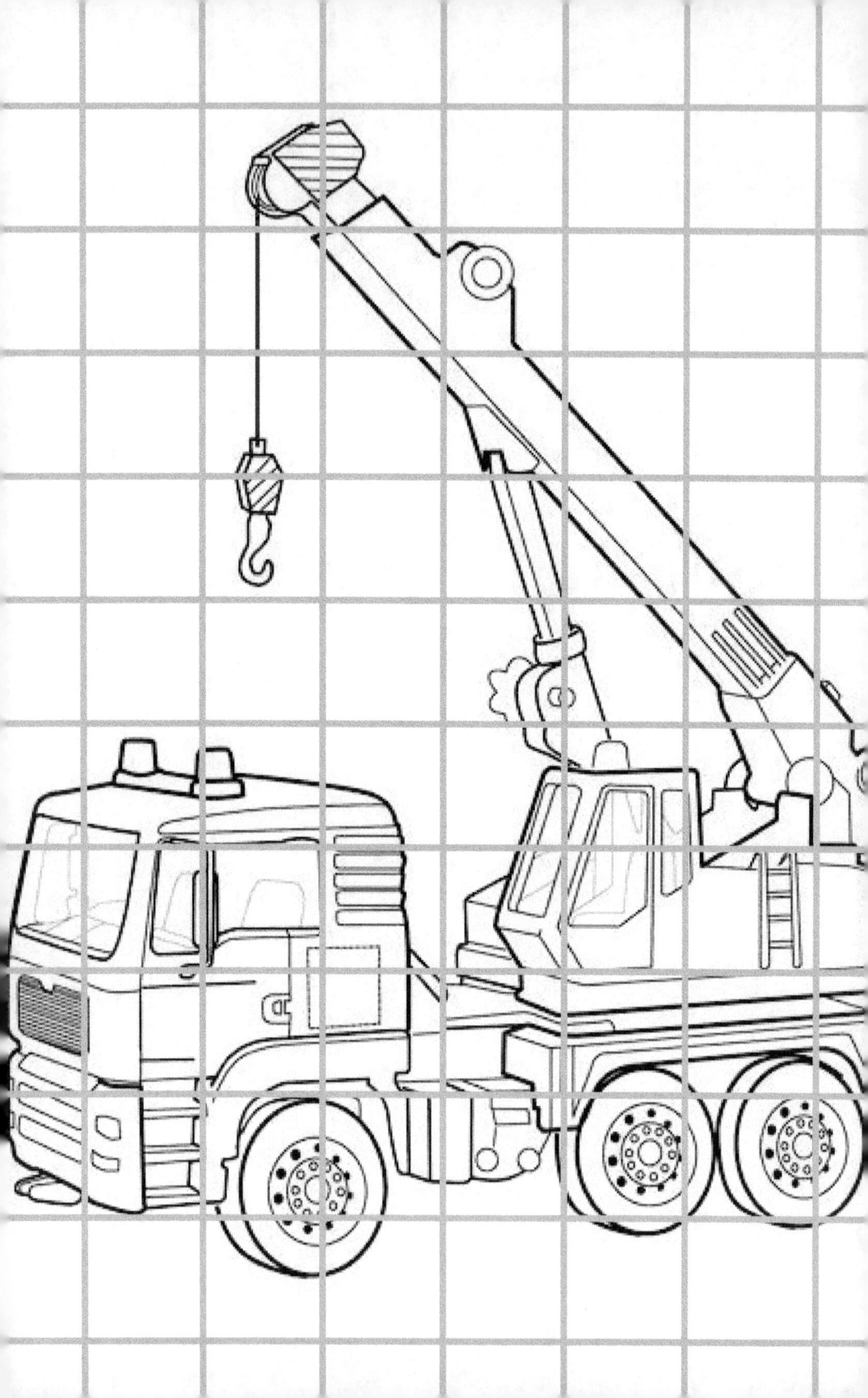

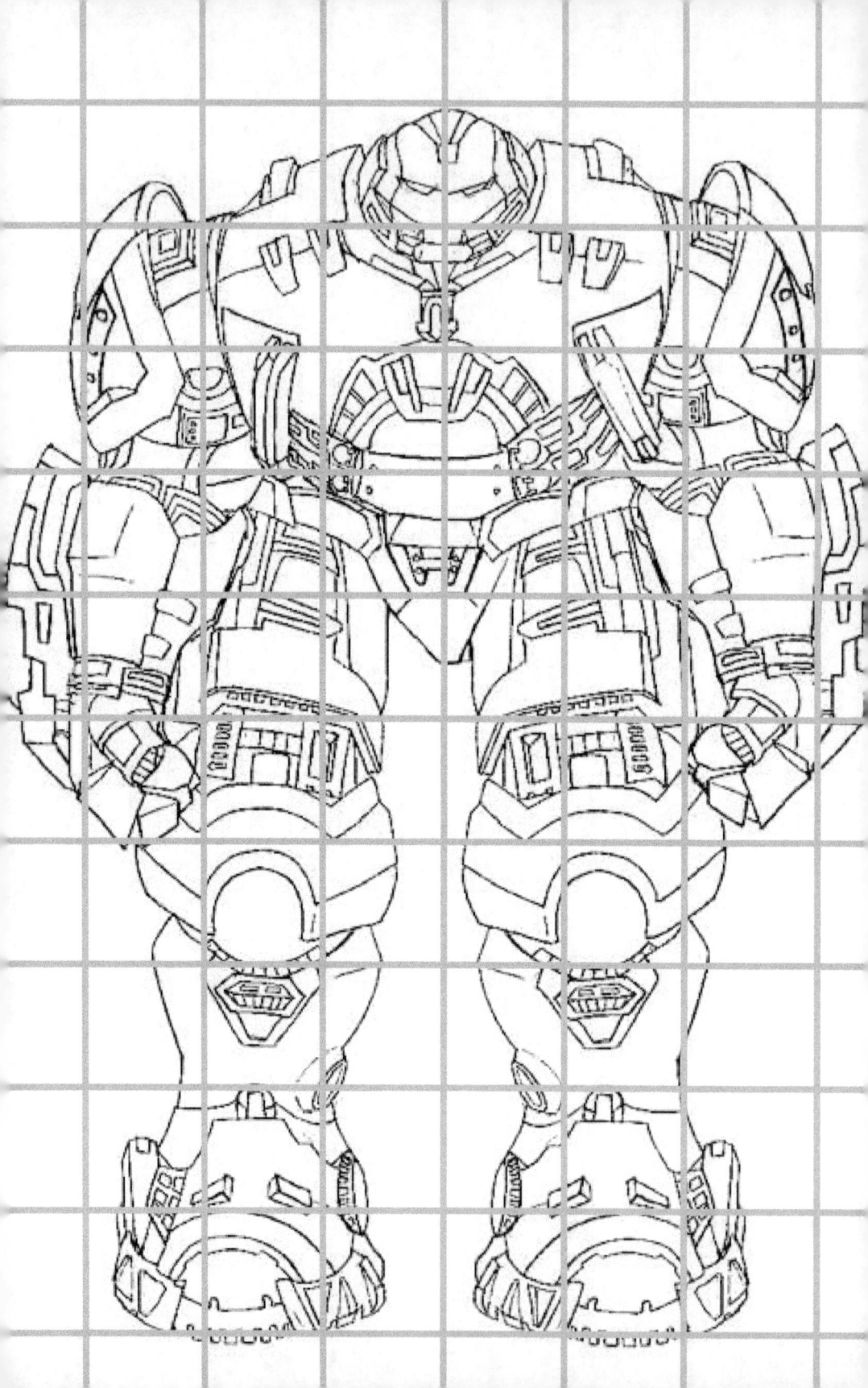

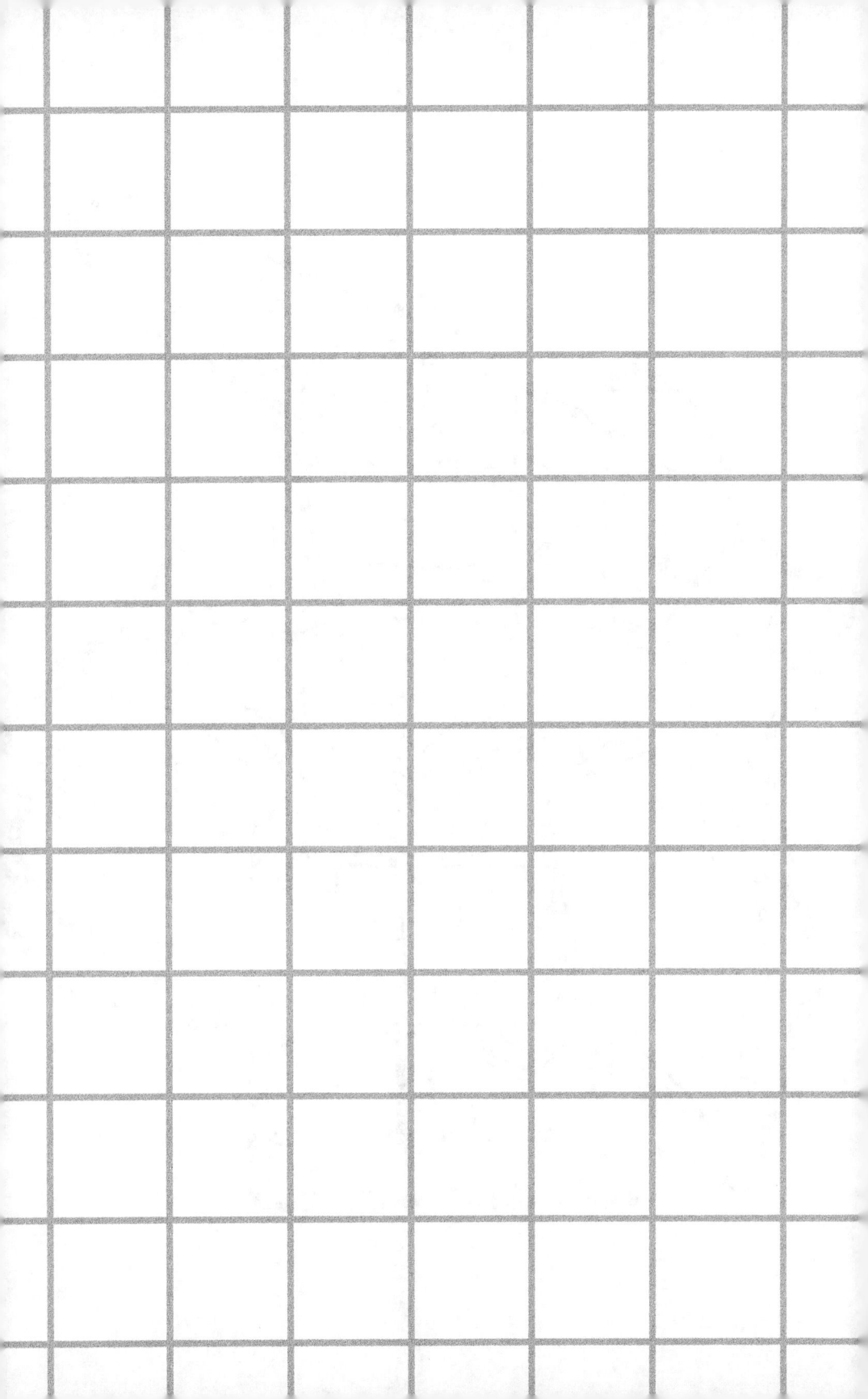

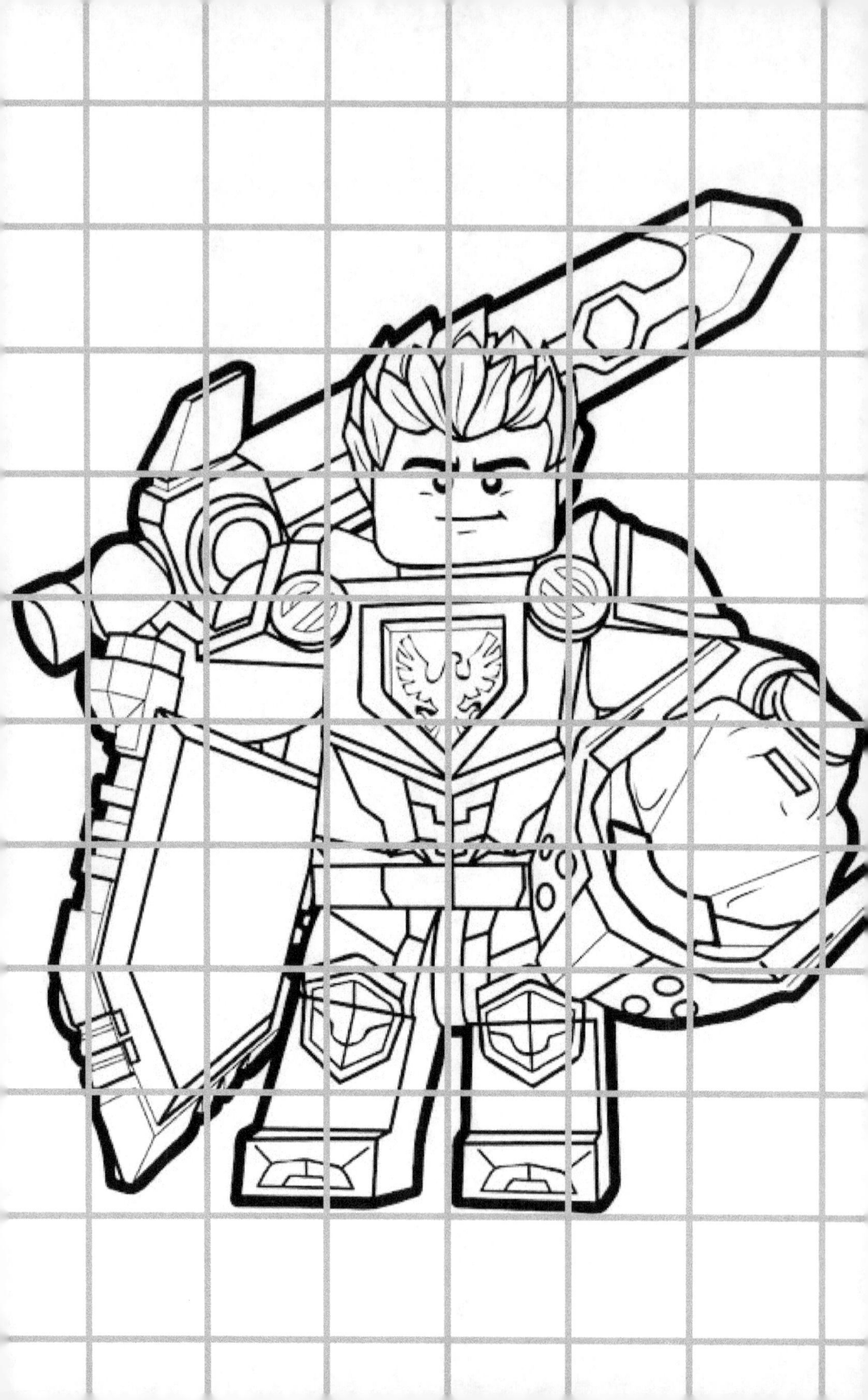

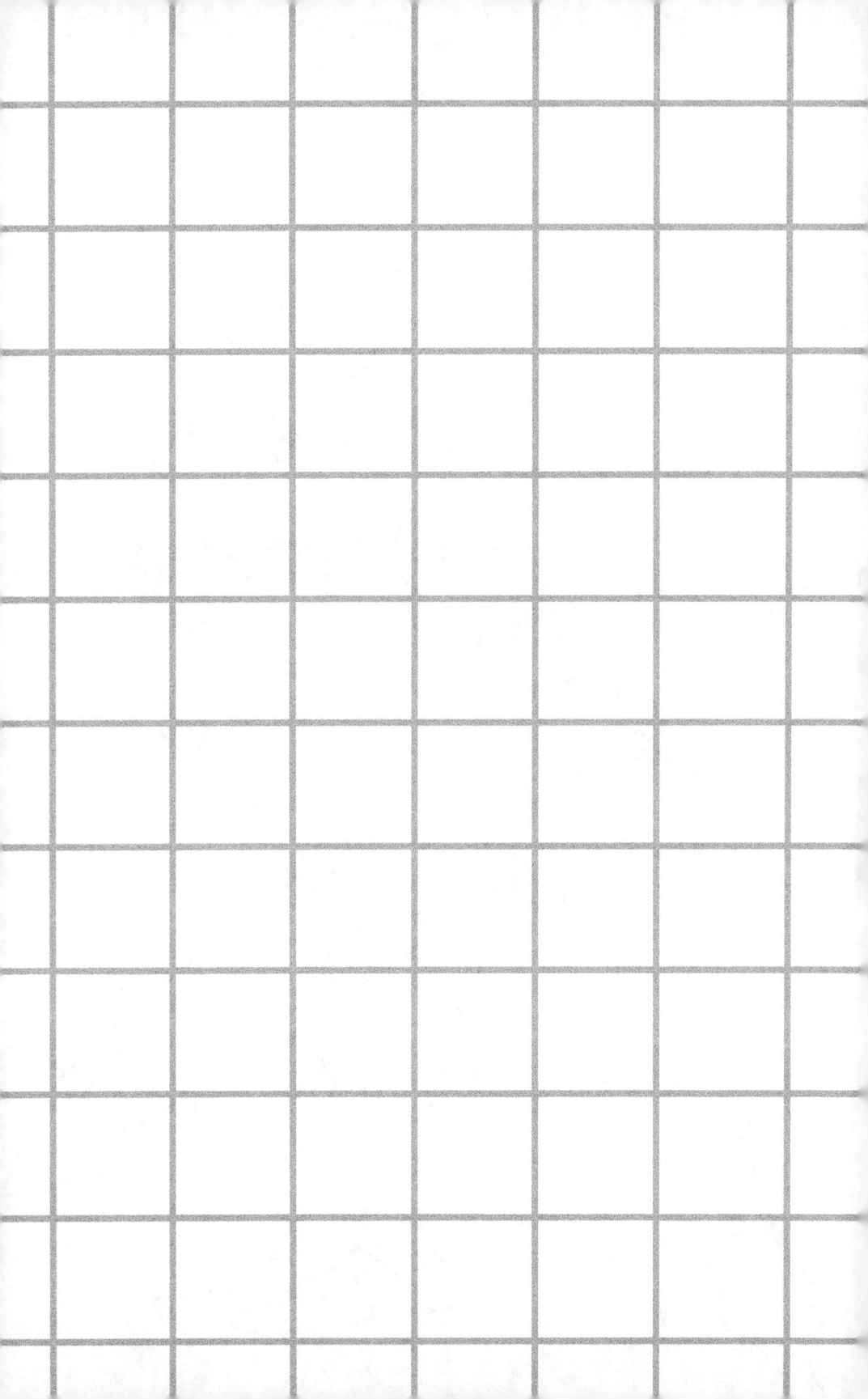

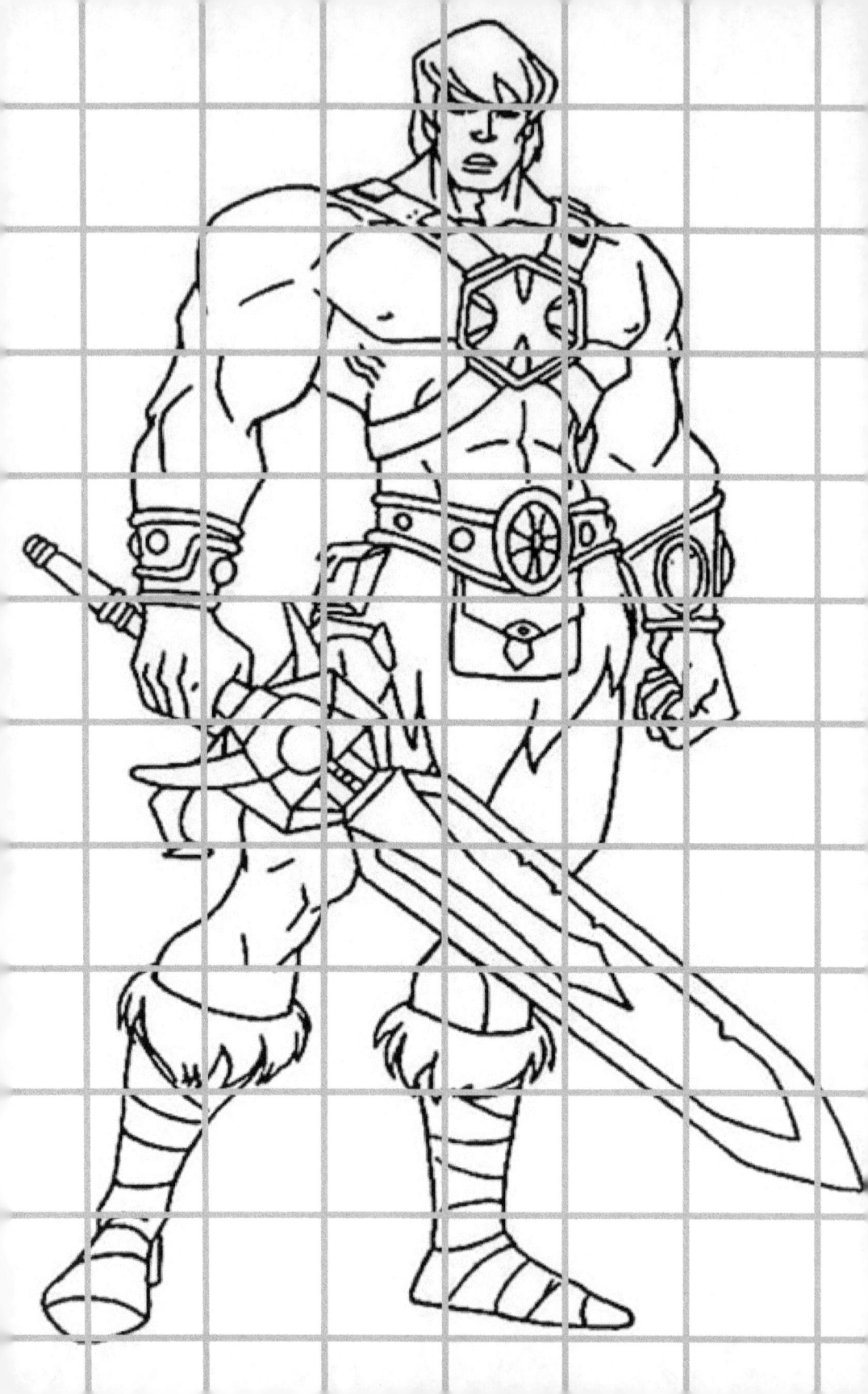

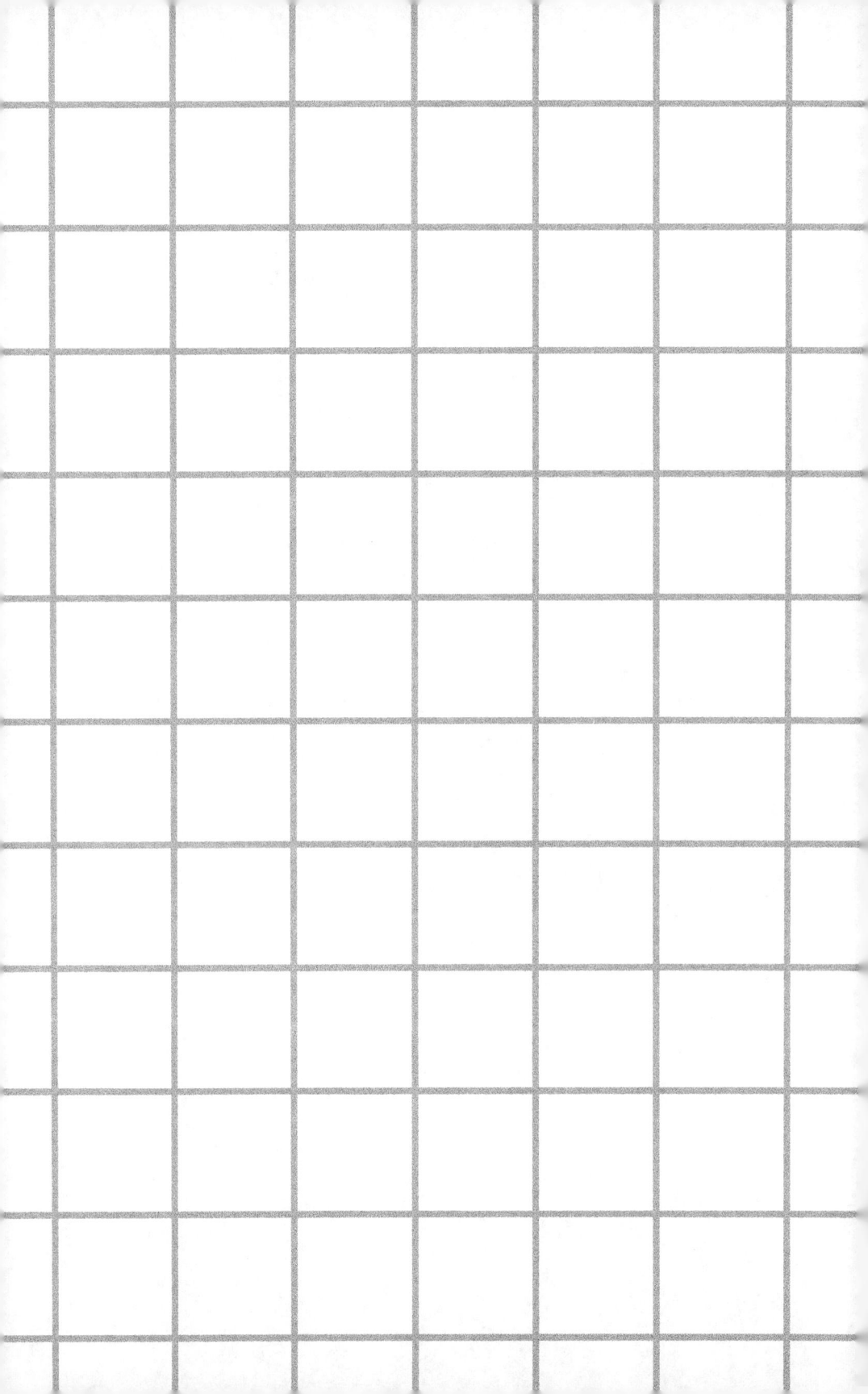

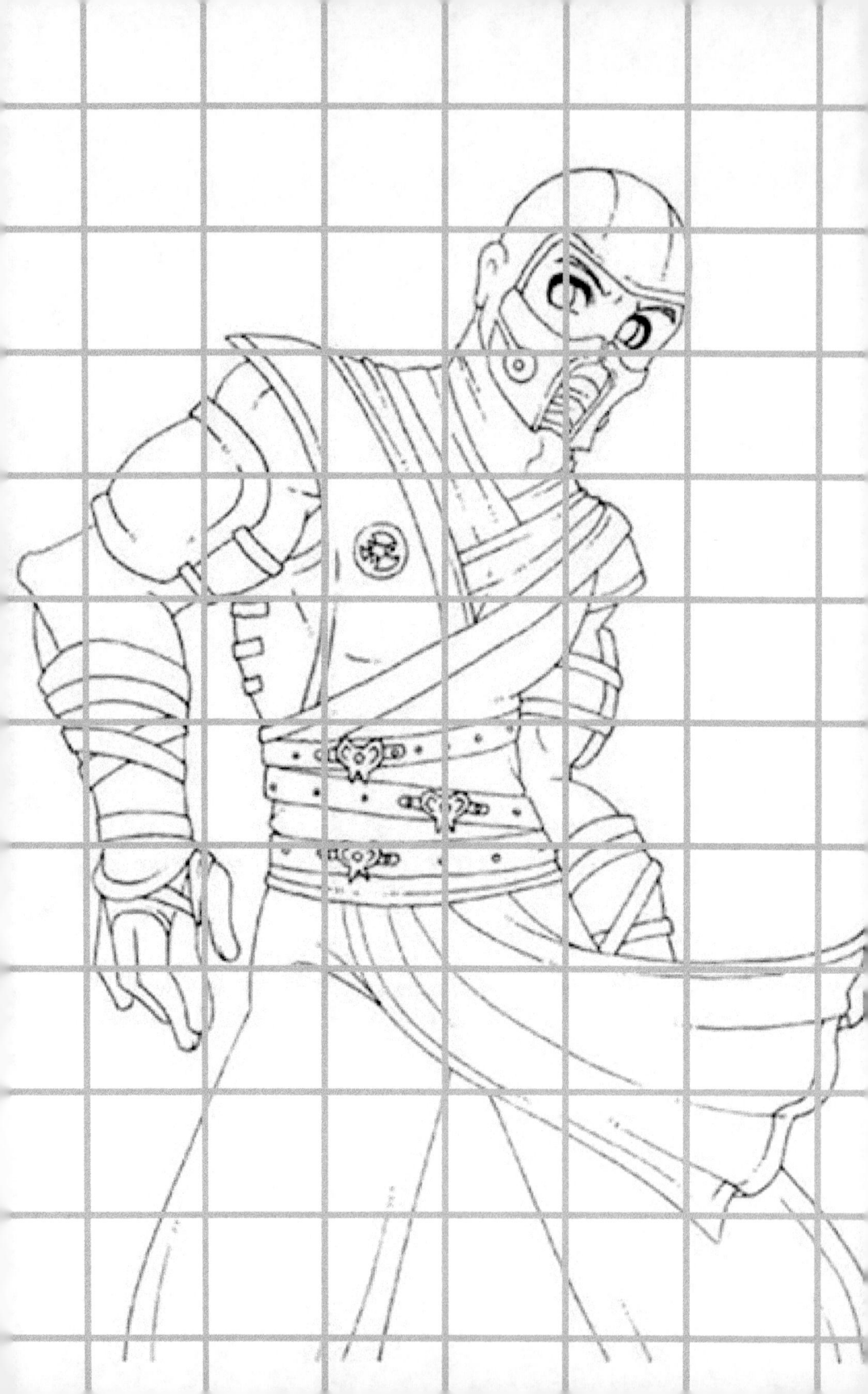

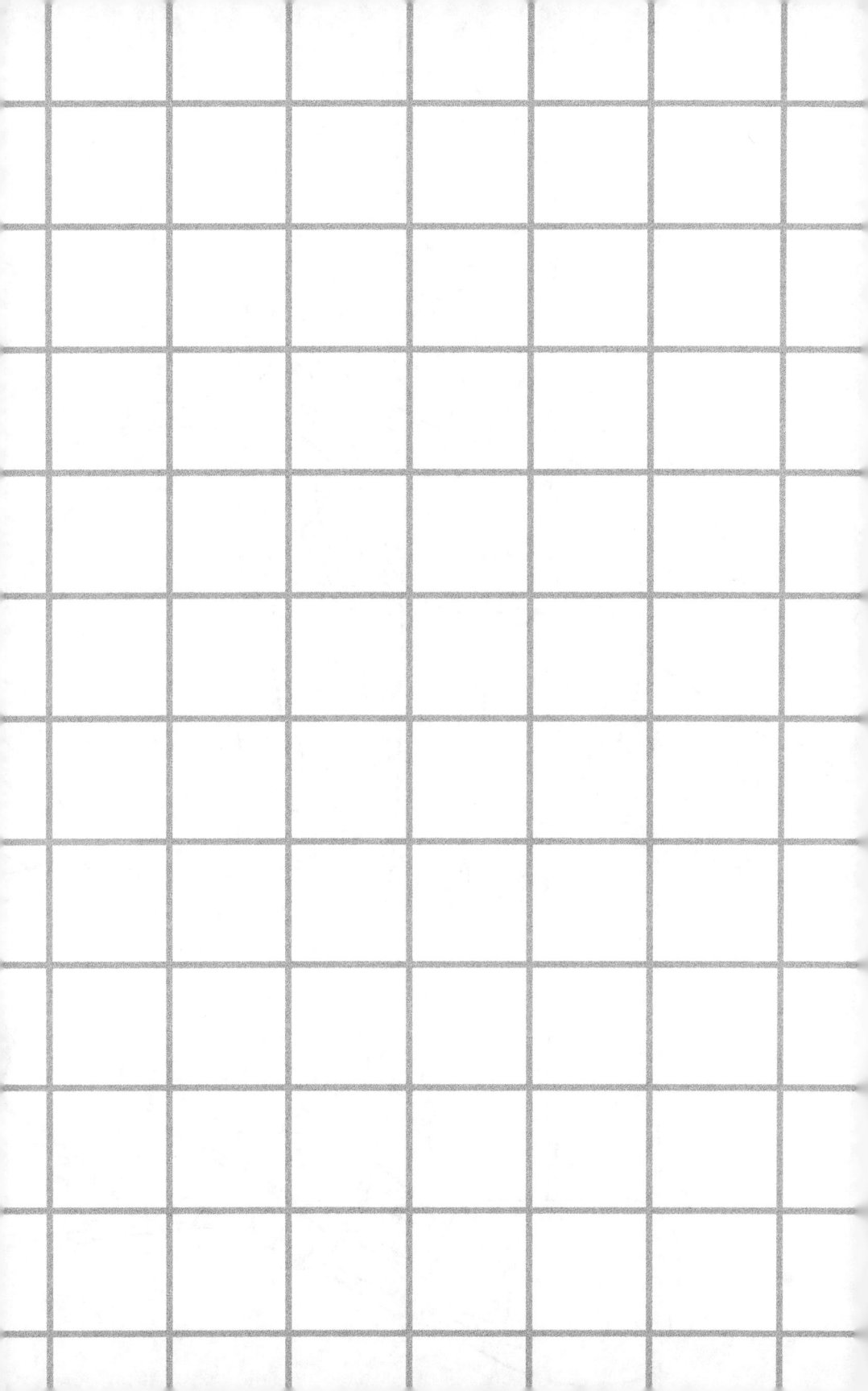

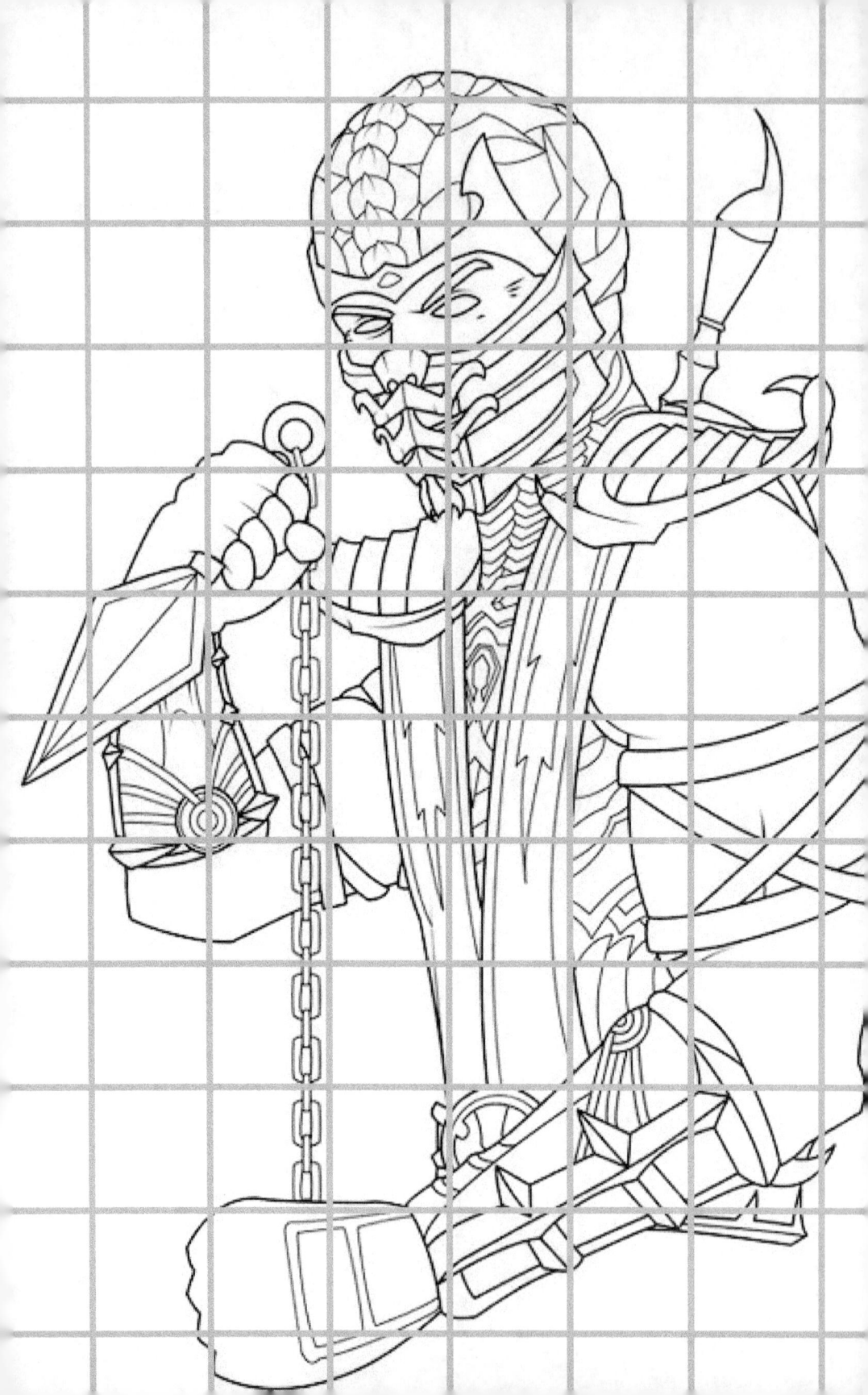

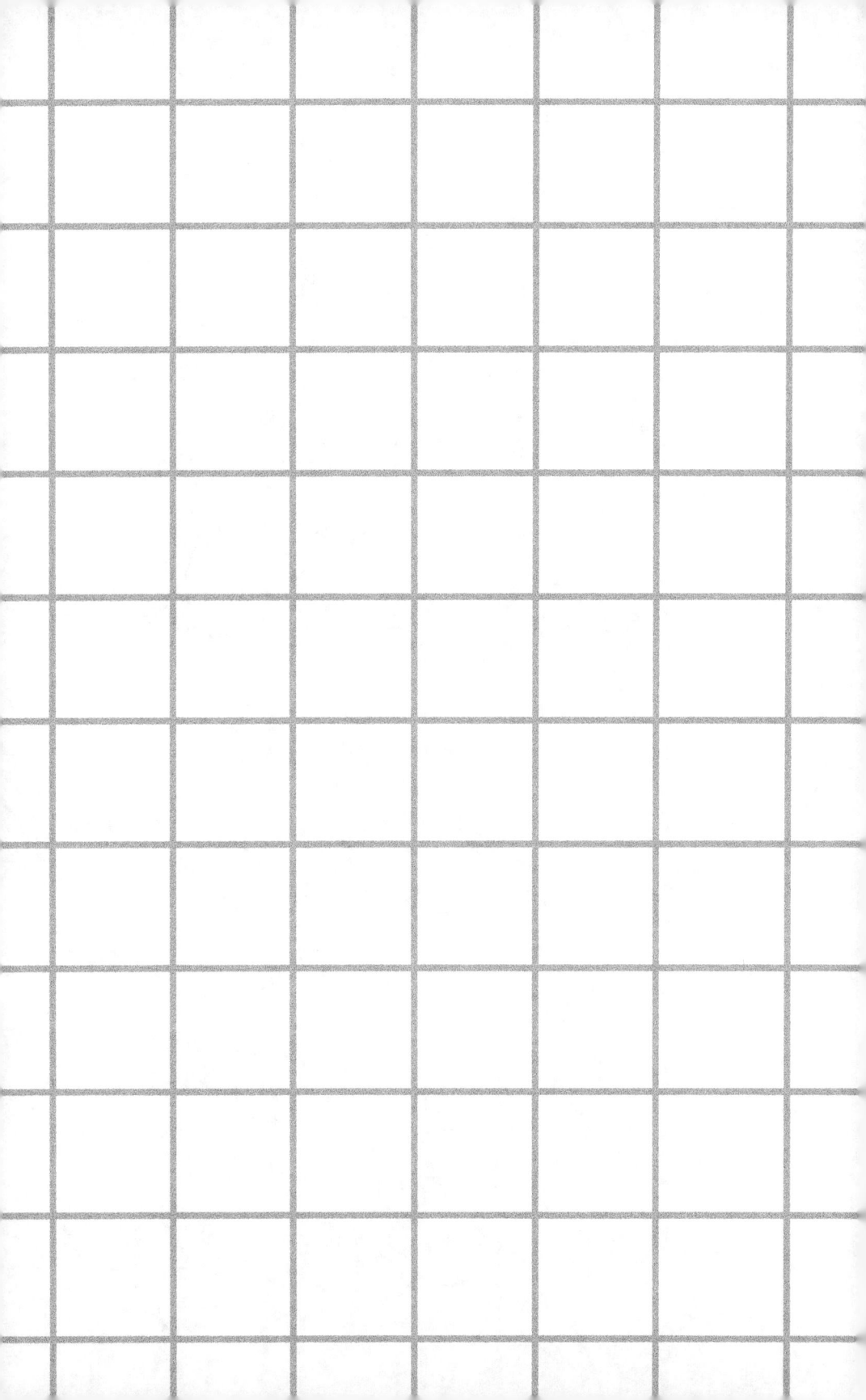

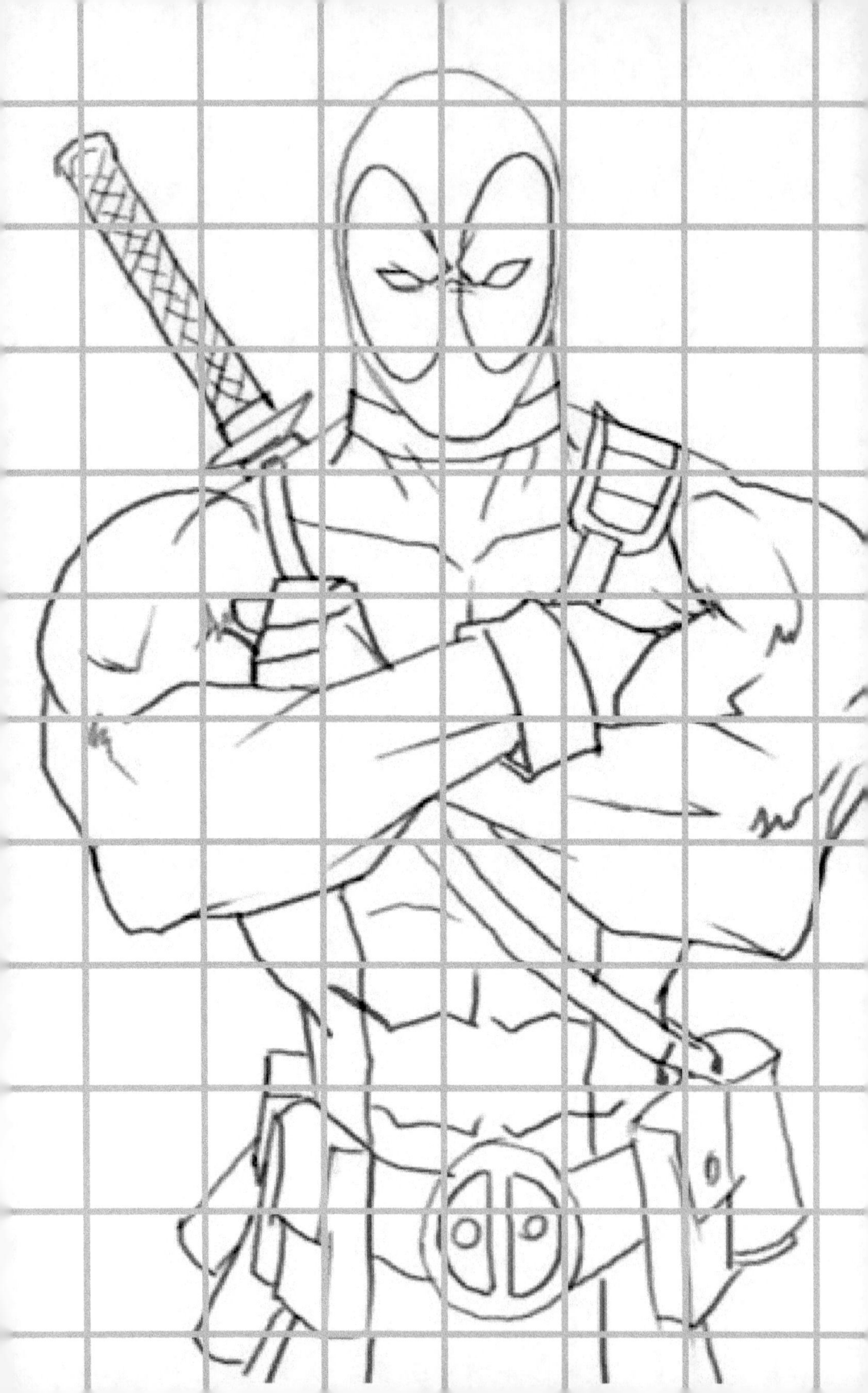

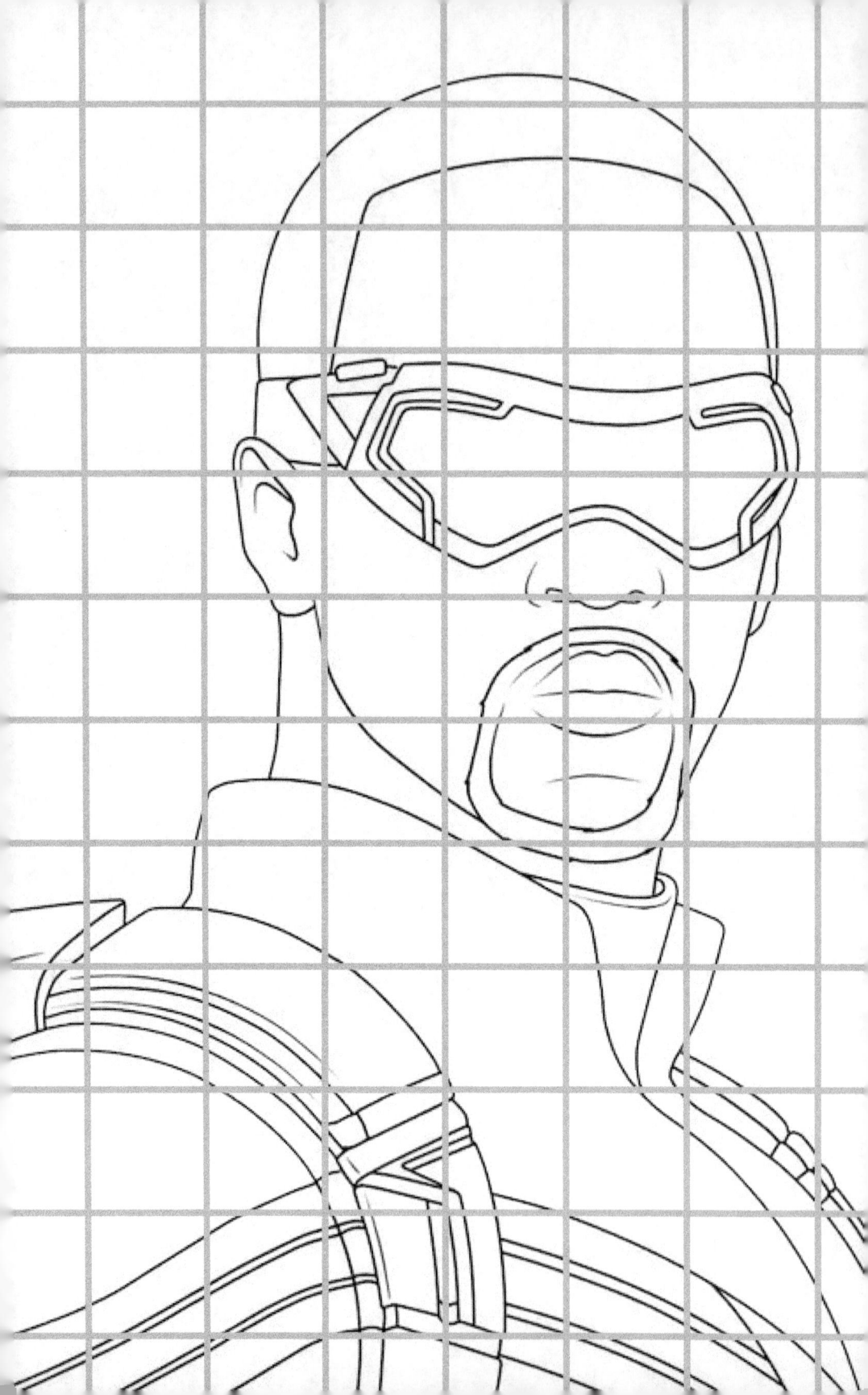

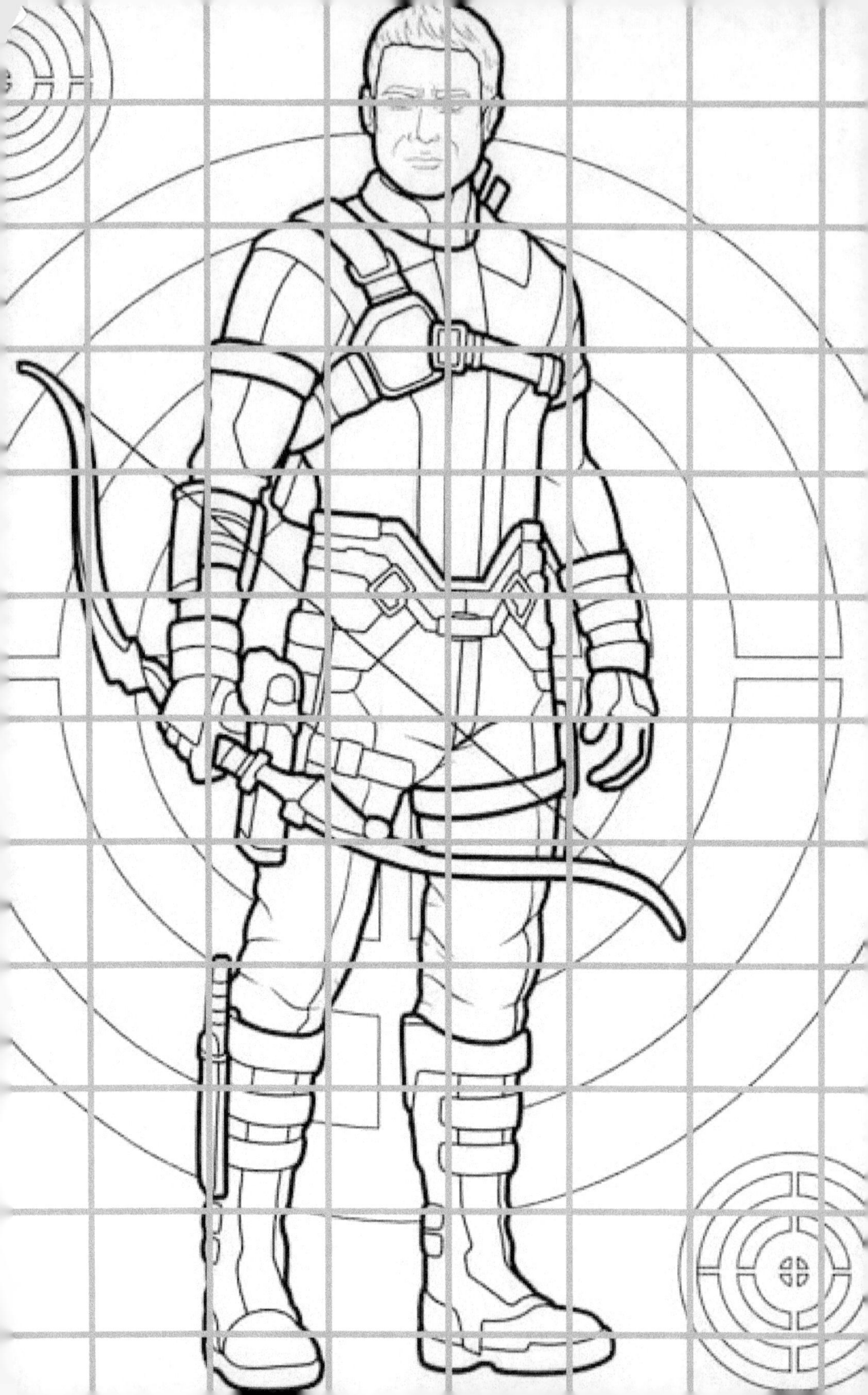

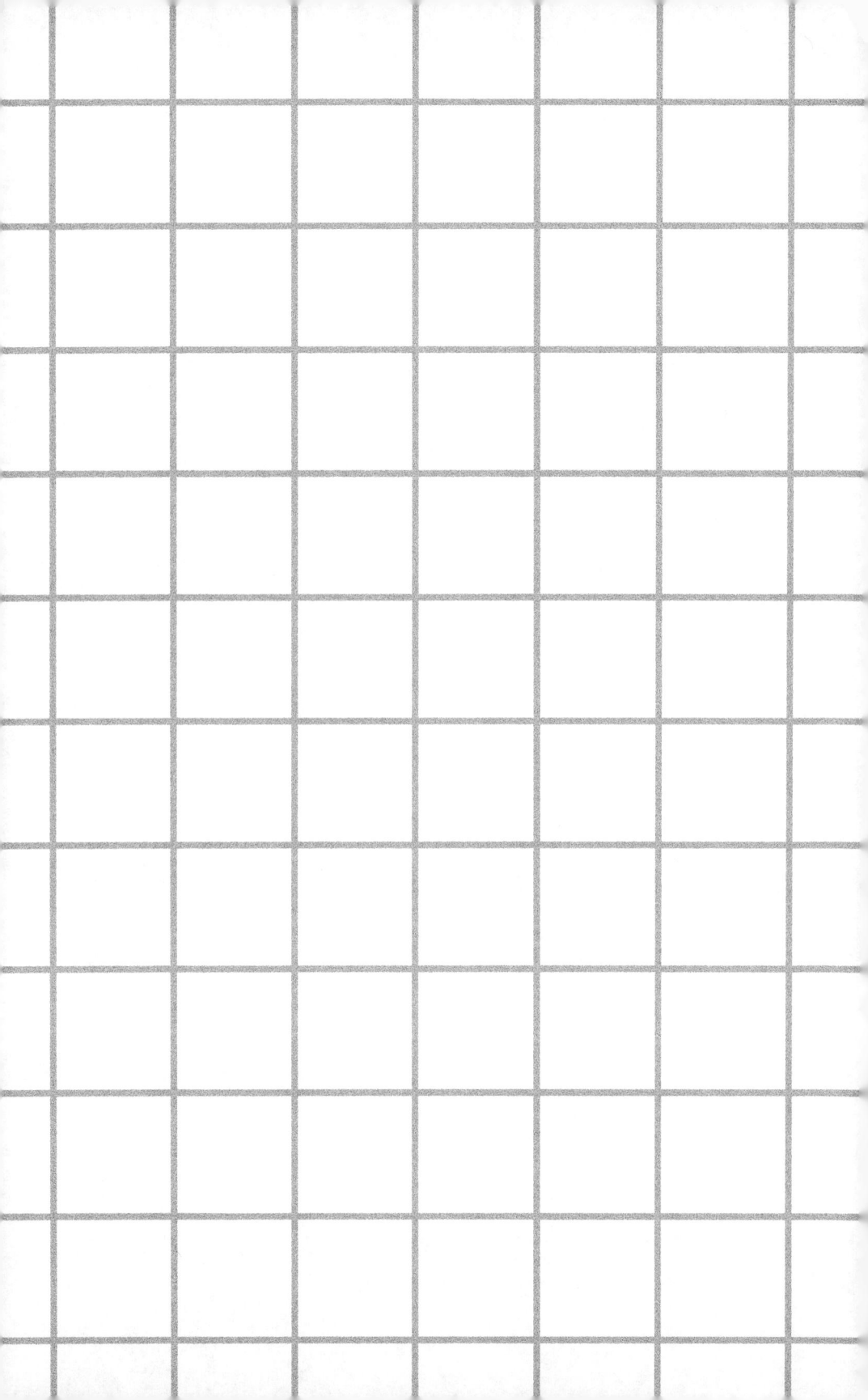

www.ingramcontent.com/pod-product-compliance
Lightning Source LLC
Chambersburg PA
CBHW070356230526
45471CB00006B/2600